JN410704

긴 하루 짧은 입맞춤

젊은시인들 11집

긴 하루 짧은 입맞춤

젊은시인들 11집

시와사상사

젊은시인들 11집을 펴내며

사막 황무지 바람 연금술사
낙타 모래 햇빛 오아시스 나그네

프쉬케와 에로스의 신화처럼
천 년을 기다린 그늘이 전부다

앵무새가 달빛을 물고
바깥으로 날아갈 때 후두둑
빗방울처럼 대나무 숲에 부는 바람

움직이는 물체는 질량이 더 무거워지고
그 물체 안에서의 시간은 너무 더디게 흘러

당신의 밥, 당신의 잠…

우리의 시는 모두
보이지 않는
끈
단단히 결박되어 있어

긴 하루 짧은 입맞춤

2015년 7월
안효희

차 례

이달의 시인 시선

동인이 뽑은 젊은 시인

차 례

주목하는 시인들

젊은시인들 추천시

_안효희

_이창하

젊은시인들의 신작시

수련 외 1편

– 물속 이별

김 혜 영

긴 생머리에 제비꽃을 꽂은 오필리어가 강물에 떠내려가듯 엄마, 파란 교복치마가 유람선 객실 천정 위로 부풀어 올랐어요. 차가운 바닷물이 허리와 가슴, 목과 입술 눈 속까지 밀려들어와요. 엄마가 떠올라 우린 두 손을 꼬옥 붙잡고 있었어요. 바다에 핀 수련처럼 우리는 둥둥 떠다녔어요.

검은 옷을 입은 승무원의 발자국 소리가 요란하게 복도를 울렸지만, 우리의 귀는 점점 멀어졌고 물에 잠겨 내 몸은 차갑게 식어갔어요. 잠수부들이 우리를 찾으러 두꺼운 배의 살갗을 더듬고 있어요. 우리의 입술은 닫혀있었고 엄마가 떠올랐어요.

물속 눈이 환해져 청소기를 돌리는 엄마가 보이고, 회사에서 서류를 정리하는 아빠의 포근한 어깨가 보여요. 엄마 아빠는 내가 보고 있는 줄 모르는 것 같아요. '엄마엄마, 여기야 여기' 불렀는데 들어주지 않아요.

환한 빛이 다가와 우리를 감싸주고 우리는 꽃이 되어 물속에 피어났어요. 투명한 천사들이 다가와 '아가, 울지 마, 여긴 아프지 않는 나라란다' 물속 나라 아득한 시원始原의 터널을 지나듯 여긴 너무 고요했어요.

시간과 공간이 사라진 여기, 우리는 인어가 되어 물속을 떠다니고 노란 리본에 달린 '구원의 인사'를 나눴어요. 우리는 무지개처럼 빛이 났고 슬프지만 지상에서의 슬픔과는 달랐어요. 투명한 공기층을 열고 들어가는 방에는 저마다 향기 나는 꽃들이 피어나요. 이 곳 바다는 코발트빛 지중해보다 더 아름다워요. 오래 전 꿈속에서 이 바다를 본 적 있어요.

엄마, 친구들은 바다가 되려 해요. 먼 곳인지 가까운 곳인지 시간이 사라졌는데 우는 엄마의 퉁퉁 부은 두 눈이 아프지만, 엄마, 울지 말아요, 난 괜찮아. 사월의 정원에 핀 하얀 튤립처럼 다시 피어날 거예요. 향기로운 바람이 되어 엄마의 머리카락을 스칠 거예요. 언제나 곁이니까 걱정하지 말아요. 엄마엄마, 사랑해요.

물속 수련이 피어나면 기억해 줘요
언제나 사랑하고 있다는 것을

말해 봐요, 사랑이라는 나비

눈

눈 눈이 와요

포항 바닷가에서 소주 한 잔을 마신 후
사랑한다고 고백하는 입술
파르르 달아나는 나비

크리스마스트리에 달린 두근거리는 불빛

나비

흰 장미에 앉은 나비, 엄마는 이십년 동안
누워 있는 아들의 꺼칠꺼칠한 뺨에
프렌치 키스를 해요

눈

눈 눈이 와요
눈밭에 핀 노란 복수초
삐거덕거리는 무릎 관절에게 인사를 해요

엄마, 나비가 될래요
난 식물인간이 지겨워요
차라리 죽음의 날개를 달아줘요
좌선 중 홀연히 떠난 선사처럼

비

봄비가 내려요

엄마는 푸른 별에서 온 아이가
등창이 생겨도 눈부시게 아름다워요
사랑이라는 지겨운 나비는

| 김혜영 | 1997년 『현대시』 등단
시집 『거울은 천 개의 귀를 연다』 『프로이트를 읽는 오전』
평론집 『메두사의 거울 『분열된 주체와 무의식』
E-mail : hyeyoungsea@daum.net

절반 외 1편

박 일 만

달랑 이불 하나가 전부인 산을 베고 누워
반으로 내 온 생을 덮습니다

반을 펴 한쪽은 요로
반을 접어 한쪽은 당신으로

당신을 두고 여러 날 잠을 설쳤을 적에
모로 누워 반쪽을 비워두는 일 잦았습니다

대피소마다 나는 당신의
반을 접어 덮고 잡니다

한쪽이 한쪽을 만나도 하나가 되는
그 넓은 우주가 여기입니다

속

버드나무 한그루가
긴 머리를 감고 있네

크고 깊은 눈의 호수는
제 속을 들여다보는 나무의 촉수를
이리 저리 출렁이며 마다해 보네

어쩌랴!
끝내 속내를 감출 수 없네

해 뜨고 지고 별과 달이 다녀가는 동안
수백 년 숨겨온 마음 죄다 들켰네

당신이 지척에 와 날리는 머릿결이
나를 빗어 내리네

배회하는 나를 향해 물 냄새를 풍기네

그 촉수에
내 속도 모두 들켰네

|박일만| 2005년『현대시』등단
시집『사람의 무늬』
E-mail : zaca@gg.go.kr

구름을 굽는 오븐 외 1편

배 옥 주

오븐에서 스파크가 일어난다

쿠키가 구워지지 않는다

재부팅을 한다

예열된 악성코드를 삭제하기 위해

눅눅한 우리를 지워야 한다

백도가 넘으면 끓는 사랑은 루머다

트로이 목마를 탄 기수들이

설익은 과자 위로 뛰어 다닌다

여기저기,

일그러진 얼굴이 흩어져 있다

구름을 굽자

바싹하게!

우산 속으로, 가젤이

잊을 수 있을까, 우리
이제 우산을 접자
구름을 접어 모자를 만들어줄게
양떼처럼 햇빛을 찾아 몰려다니진 말자
아무도 모르게 우린 비가 될 거야
쇄골을 타고 흘러내리는 빗방울을 모아
다시 구름을 띄울까
오래된 팝송을 흥얼거릴 필요는 없어
봄밤이 흐르고 있으니까
잠시, 타이타닉을 떠올려보는 건 어때
벼랑 끝으로 뛰어가는 가젤은 어떨까
암묵적으로 얼굴을 바꾸는 벚꽃은 무시하자
이따금 찾아오는 꽃잎소리도 사라질 거야
이제 우산을 펴자
그런데, 우리
정말 잊을 수 없을까

| 배옥주 | 2008년 『서정시학』 등단
시집 『오후의 지퍼들』
E-mail : beaokju@hanmail.net

말들이 피어난다 외 1편

송 미 선

퇴근시간도 한참 지난 자정 가까울 무렵
구포대교를 지나가고 있는 버스
빈자리 찾아 맨 뒷좌석에 앉은 남자가
폰을 꺼내어 거울 보듯이 마주한다
작업복 입은 남자가 붕어처럼 뻐끔거릴 때마다
화면 속 여자 얼굴에 꽃이 피어난다

남자는 온몸을 폰 속에 묻는다

마주한 거울 안
웃는 얼굴 위로 열 개 손가락이 춤추는 여자
날아다닌 자리에 말들이 피어난다

사랑해라는 말 대신
엄지손가락 치켜든 주먹 쥔 왼손 위로 펼친 오른손이 원을 그리고

지나간 정류소에서 내린
남자가 앉았던 자리에 구겨진 나를 앉힌다

또 하루가 빈말이 되어가고

당신의 반편

약속은 지키야한다며
하루만 가게를 봐달라고 당신이, 나를 찾아왔다

쌓인 먼지는 구 년 전 먹은 수면제의 부작용이다

들어서는 발끝으로 울리는 차임벨이 가게에 주문을 건다
상자를 털며 일어나는 먼지들

어제는 강물로 조제한 수면제를 먹었다 수면제를 따라가는 강물을 보았다

사용설명서가 선명한 상자 속
시간을 조립해 준다기에 뚜껑을 열어본다
플라스틱 부품들이 꿈틀거리고

오늘이 약효과에 조금씩 불편해가고

스파이더맨 티셔츠를 입은 사내가 외상 갚으러 왔다며 말을 더듬거린다
외상은 안된다는 당신의 말이 기억나
선자리에서 돌려보냈다

와르르 무너질 것 같은 상자들

변검술을 배우는 것이 당신인지 나인지
가게 안으로 목을 들이민다

|송미선| 2011년 『시와사상』 등단
E-mail : sms27143@hanmail.net

홀로 걸어 나왔을 때 외 1편

안 효 희

서로라는 말 속에서
내가 홀로 걸어 나왔을 때
내게는 창 밖이라는 마음 하나 달처럼 뜬다

늘 다니던 길도 잃을까 불안하여
뒤돌아보던 마음이,
내리는 빗줄기 속에 서면
다시 나에게 안부를 묻곤 한다

서로라는 말과
홀로 라는 말 사이에
빨간 우체통 하나 섬처럼 둥둥 띄워 놓고
한참을 걸어 나온다

바람이라고 나뭇잎이라고 달빛이라고
내 안에 접혀 있던 당신을 모두 꺼집어낸다

창 밖은 점점 넓어지고
수백 개의 섬들이 텅텅 소리를 내며 부딪힌다

시간의 화살

언제나처럼 기차가 다시 길을 떠나자
여자가 울먹인다
잘못 탔어요 내려 주세요!

구름 저 너머의 미래를 향하여
기차는 서서히 속력이 붙고
창밖의 풍경은 단거리 선수처럼 달리기 시작한다

하얀 모자를 쓴 머리와
주홍빛 구두를 신은 퉁퉁 부은 발이
잠시 헤매는 사이
순행과 역행의 얼굴이 바뀌기 시작한다

구름처럼 새들처럼
스쳐 지나간 과거의 날들이
역행하여 천천히 영상처럼 펼쳐진다

점점 더 멀어지는 시간들을 뒤돌아보며
포기할 수밖에 없는 가속에 지친 몸을 기댄다

울음을 참으며 둘러보아도
되돌릴 수 없는

떠나버린 기차는 멈추지 않는다

순행이 아닌 역행 속에서
온통 잠든 타인만이 가득한 곳
홀로 깨어 두리번거리는 삶

천 번쯤 기도하면 탈출이 가능한가!
느린 시간 속의 끝없는 벌판

| 안효희 | 1999년 『시와사상』 등단
『꽃잎 같은 새벽 네 시』 『서른여섯 가지 생각』
E-mail : hyohee58@hanmail.net

느닷없이, 봄 외 1편

유 승 영

오늘 아침은 따뜻한 토스트를 구워 먹어요
수의를 입고 누운 모습조차도 믿지 않은 우리들은
몸이 못쓰게 되어 질 때 쯤 우리는 비로소 고개를 끄덕이죠
사지가 틀어지고 형태를 잃어버린 후에야 아차 싶은 우리들은
갈고리 모양으로 웅크렸다 펴기를 반복하는,

너의 신분은 크샤트리아 올록 볼록 단단해진 근육의 크샤트리아
나는 아이들을 가르치면서도 고양이만 생각했어요
배와 배가 맞닿을 때 그 말랑한 감촉이 좋아
너의 까칠한 혀가 좋아

잃어버린 고양이를 찾느라 잠을 잘 수 없었어요
밤마다 시끄러웠어요
굳은살을 단단히 붙이고 자랑스럽게 돌아왔어요
순식간에 달아나서는 길과 길이 얽혀버렸고
여름계곡을 보더니 미친 듯이 달아났고
발톱을 깎은 내 잘못이 커요
오늘은 붕대로 칭칭 감아놔야겠어요
눈을 깜박거리는 것을 잃어버린 사내를 위해

알러지 데이

오늘밤은 백만 송이 가시가 태어날 거예요
시스루와 스커트는 매일매일 짧아지고
어린이집에서는 아이들이 가시에 찔려나가고
눈 내린 언덕에서는 신발을 벗어들고
가시 같은 아이젠을 신어야 해요
창문 없는 고시텔에서 건선의 피부가 자라납니다
머리 쓰지 않아도 되는 일이라면 뭐든지 할 수 있어요

가시 같은 아이들이 자라납니다
사방이 가시인 가시밭에서 가시들과 맞장을 뜨고 있어요
시키지도 않은 일을 하루 종일 하고 있어요
붉은 양귀비 밭에서 취했던 취기처럼
튕겨 나오는 밤알을 금은보화 다루듯 우리는,
두 발을 모아 공손히 밤송이를 까다가
맨손이었다가 안전한, 안전장갑을 끼다가
호들갑스럽다가 긴작대기로 후려쳤다가
가시투성이는 후두둑 날아와 내 몸을 박아댑니다

| 유승영 | 2011년 『서정과현실』 등단
E-mail : epsalt@naver.com

긴 하루 짧은 입맞춤 외 1편

이 일 림

이곳의 물은 조용히 출렁인다
눈꼬리가 얇아지고 가슴의 어떤 율동으로 정거장에 닿은 것처럼
아늑한 미래를 주름잡는다

기다려요, 한 마디면 별들이 우주를 돈다
별의 그림자가 끌고 오는 자기장이 소용돌이쳐
태양보다 더 밝은 조명이 된다

그립다, 는 익명이 꼬리에 꼬리를 물고 이름을 산란할 때
풍부한 익명들의
처음과 끝이 평행을 이루어 나아간다, 함께
긴 하루와 짧은 입맞춤을 하는 노을이 홀연 붉어

질 때, 그곳에 가는 우리의 흐름은 풍속으로 읽힌다
바람과 바람이 어깨를 맞닿은 것처럼
강물과 강물이 시간의 여울에 유유한 것처럼

너는 맑은 날 고요히 설레는 강물의 무늬를 닮아
가난한 주름들을 여린 표면에 누이고

봄빛 이파리들마냥 바람의 박자로 춤출 때
투명한 심층에 나부끼는 하트들
우리들 열정의 주소였고

침묵 2
– 연자육

적막을 관할하는 고수를 알고 있죠.

새알처럼 생겼지만 어미는 꽃이에요. 전생은 땅속의 잠자는 공주. 이천 년 삼천 년도 거뜬해요. 누구에게도 개방하지 않은 신전엔 튼튼하고 푸른 세계가 숨 쉬고 있어 간혹 심장이 나약한 사람들이 그의 혈맥을 찾곤 해요.

탕, 적막을 망치로 내려칠 때 거북의 등으로 달리던 타조들이 알을 낳아요. 아이들이 사막에 모여 공깃돌놀이를 하고 시간은 회오리로 떼굴떼굴 말려요.

신기루에 올라서서 똑똑 물의 방에 노크를 하면 얼굴을 붉히며 공주가 일어나요 껍질의 고고함이 물의 순수함과 만나는 연화 현상을 사람들은 공주의 눈부신 첫사랑 혹은 붓다의 배내웃음*이라 일컫는다는데

나에게 물이었던 적 있는 당신. 밤이 되면 가끔

---

* 붓다가 태어난 순간 연꽃이 피었다는 설화가 있다.

침묵은 그림자를 열어 꽃으로 태어나는 꿈을 꿔요. 전통을 고수하는 진흙의 문은 여전히 굳게 잠겨 있었는데

향기로 끓어오르는 주전자의 하모니가 소란스러워져요. 이제 무색무취로 얇게 저며진, 저 적막이 뿜어내는 위대한 침묵의 열변을 들을 차례예요.

| 이일림 | 2008년 『시인동네』 등단
시집 『비의 요일은 지났다』
E-mail : bab-jw@hanmail.net

바람에 다 털리고 외 1편

이 정 모

얼마나 가벼운지
훨훨 날아보아라

바람에 다 털리고
그대에게 없다는 것

줘 버리거나 털리거나
생각이 사라졌다는,

새끼들마냥 떠나가는 것
가득 찬 것들이 비워줄 차례가 온 것 뿐이다

지고가던 물통에서 떨어진 물이
길섶의 풀을 살린다
이때 햇살은 오래도록 머물 것이니

섭섭하다는 것은
떨어져 나간 뒤를 보라는 말일 것이다

빈 손의 귀

디뎌야 하는데
디디고 서야 뭐라도 올리는데
얼음 위에 집 짓는 빈 손들의 기도

삶과 죽음에 매달리고 싶지 않으면
다른 이들이 두고간 문장을 들으라 한다
목숨에 촛불을 켜고 바라보라 한다

고봉밥에 노릇노릇 고등어 생각나면
신이 찾아온 것 쯤으로 알라고
빛이 창窓에 눈짓하고 있지만
나는 모르는 척 한다
신은 잠을 자라하고 사람은 여전히 꿈꾸는 이유

공중에는 지혜 같은 빛이 번득이고
바다에는 이치의 혀가 넘실대며
때가 되면 배가 고프고 뒷간은 때맞춰 부른다

방문 닫아걸고 귀 세우고 있는 나무
바람의 입술로나 뭐라도 불러야하는데
익지 않은 생은 언제 떨어지나
바라보는 일로 땅이 꺼진다

오늘도

깊이 잠들지 못하는 자가 꿈을 꾼다

| 이정모 | 2007년 『심상』 등단
시집 『제 몸이 통로다』 외
E-mail : ljm9863@hanmail.net

트라이앵글처럼 외 1편

이 창 하

사실
내 입장에선 그렇게 말할 수밖에
없었어
그간의 일들은 정말 암울했거든
태양이 동굴 속으로 숨어서 다시는
나오지 않았다는 일본의 신화가 생각나는 밤

미안하다
미안하다는 낙타의 눈에선
눈물이 뚝뚝 떨어지고 있었어
긴 머리카락 사이로
젖은 눈을 가진 영화 속 주인공처럼 그녀에겐
사랑해, 라는 말은 이제
신화 속 화석이 되어 버렸어

나는 불안해진 마음으로
자동차의 핸들을 급히 좌회전 했었어
예의 그 청년은 아직
돌아 온 흔적은 없었고 여전히 그녀는
불안한 표정으로 기다리고 있는 듯 했어
한 때의 자동차가 지나갔고
고독한 가로등만 누군가를 지켜주는 담뱃불처럼

껌벅거리고 있었어
아무도 없는 커피숍에서
김빠진 카퓨치노는 싸늘해져 가고 여전히
꼼작도 하지 않는 그녀……,

결말을 어떻게 연결해 가지
트라이앵글 같은

노천카페에서

아니 그럴 리가 없어 절대로 그의
붉은 혓바닥은 사랑보다는
욕정이었을 거야 맑은 눈빛보다는
싸구려 가루분 같은 것이었을 거야

서른아홉의 심장은 뜨거웠었어
운명이란 말을 남용할 수가 없었어
시작이 어렵다는 것이 유일한 희망이었어
막연한 기다림 속에서
모르는 사이에 한 편을 차지했던 네가
따뜻했던 것 같았어

그로부터 편지가 온건
은행나무 잎으로 찾아 온 늦가을이
열 번 넘게 지난 후였어
차곡차곡 쌓인
낡은 감정들은 심하게 이슬에
젖어 있었고
한 때의 더운 눈물이 아직도 유효한지
묻고 있었어

남루한 노천카페에서 소주잔을 기울이며

앞뒤가 연결되지 않는 넋두리를
안주질 하였어

그 싸구려 같은 기억들은 축축하게
이슬에 젖어갔고 어긋난 기억들이
저녁나절이 연탄불에 심하게 그슬려가던
시절이었어,

|이창하| 시집『케이오 요시다의 노래를 듣다가』등단
E-mail : theme925@hanmail.net

골목의 내장 외 1편

장 인 수

할머니가 굽는 고등어 냄새가
일몰의 긴 그림자보다
더 길게 골목으로 흐르고 있다.

발정 난 고양이들이 생선 냄새를 핥으며
라일락 나무 속으로 하응하응 스며들고 있다.

골목은
아픈 아기의 혈관이 간신히 할딱이는 곳
동맥에 주사를 꽂고 있는 골목

응급실로 실려 간 아기는
끝내 돌아오지 않고
고양이가 쓰레기통의 혈관 주사를 핥는 골목

종이 상자를 리어커에 실은 할아버지가
담배를 피우면서 골목을 펴낸다.
펴낼수록 깊어지는 골목
마시다가 남은 소주가 실려있는 리어커

복대를 하고
반쯤 굽은 육신을 굼벵이처럼 움직이는 할머니가

할아버지를 기다리는 골목 끝

이틀 만에 귀가한 딸의 욕설과
아빠의 막걸리 냄새가 뒤섞이는 골목으로
가로등 불빛이 파르르 떨고
날벌레들이 몰려들고.

생선과 할머니

떨이! 천 원! 떨이! 천 원!
고등어를 사 들고 집으로 온다.

라일락
라일라일 치렁한 머리를 치켜들고 피었다.
벚꽃은 지고 있다.

암매난 고양이 두 마리가
라일락 향기 속으로 스며든다.
아이 울음을 가르릉 운다.

트럭의 생선장수는
쉰, 쉰 목소리
골목을 힘겹게 파고들고 있다.

떨이! 천 원! 떨이! 천 원

고등, 고등, 한 끼 저녁이여.
할머니의 손에
막걸리가 들려 있다.

| 장인수 | 2003년 『시인세계』 등단
시집 『유리창』 『온순한 뿔』 『교실-소리질러』
E-mail : su031777@sen.go.kr

목련 진다한들 외 1편

정 연 탁

목련 진다한들
슬프랴
목련꽃 위 퍽퍽 쓰러지는 이 한둘 아니거늘
아침 저녁으로 피 토하는 이 한둘 아니거늘
목련꽃보다 더 짧게 피었다가
절정 닿기도 전
꽃잎 툭툭 떨어지듯 추락하는 이
한둘 아니거늘
목련꽃 진다한들 가슴에 눈물 한 방울 나랴
목련꽃보다 더 누런 눈물
가슴팍 주룩주룩 흘러내리는 이 한둘 아니거늘
날이면 날마다 길바닥 흥건히
밟히는 이 한둘 아니거늘
사월 부르다 부르다 목 터지게 부르다 진
온몸에 피멍든
거리에 내몰리는
이 땅의 푸르디 푸른
꽃 한둘 아니거늘
꽃비처럼 쓰러진 이 한둘 아니거늘
목련꽃 몇 송이 사월의 바람에 진다한들
달빛 받다 하마 진다한들
목련꽃 진다한들

모란

봄의 절정 애써 기다려
모란이 피어나면

내 마음의 정원에, 다시
모란이 피어나면

그대 내게 차마
아니 오지 못할손

모란이 지고
내 슬픔 위에 그대 슬픔마저 얹어
떠나갔던 그대일손

모란이 피어나면
모란이 피어나기만 하면

하마나 하마나
동구 앞 서성이며
기다리지 않는다손

그대 기어이
내 작은 동산에 오르리

모란은 다시 필 것이고
그대 다시 돌아올지니

모란이 또다시 지고
내 마음의 정원은 또다시
아득한 슬픔에 젖는다손

애써
그대 잡지 않는다손

| 정연탁 | 2012년 『시와경계』 등단
E-mail : jyt083@hanmail.net

그립다, 파라나강 외 1편

정 이 랑

처음으로 딸집에 오셨다 빈 손으로 올 수 없었던 아버지, 두루말이 휴지를 가슴에 품고 오셨다 초등학교 입학을 시키던 때가 엊그제 같았다는 아버지, 식탁 의자에 이파리처럼 매달려 계신다 몇 년 전 교통사고로 인해 딸 가슴에 못 박을 뻔 했던 아버지, 이제는 어머니보다 말수가 많아지셨다 기억 속 동구밖을 지키고 있던 떡갈나무 한 그루 같은 아버지, 여행 한 번 같이 간다는 것은 지금도 어렵다 어머니 심부름으로 배추 몇 포기 가져다주러 오신 아버지, 고향 효천지에서 낚시를 하던 그 날이 그리운 것인가 주저리주저리 늘어놓으신다

봄 오면 파라나강에 가닿고 싶다 물줄기 하나에 세 나라가 손잡고 살아가는 곳, 그래서 아버지, 나, 나의 아들이 물살처럼 걸어다닐 수 있었으면 좋겠다 그런 날을 꿈꾸며 하루하루 걸어가고 있는 시간 속에 확실한 것은, 아버지도 나도 파라나강이 될 수 없다는 것, 달 떠오르고 별들 빛나는 밤을 지나서 그 곳에 가닿고 싶다

어디에서 와서 어디로 가는 것인지 나는 알 수 없다 아버지 뒷모습을 바라보면서 이제껏 달팽이로 뒤뚱뒤뚱 걸어 왔다 걸어온 길보다 걸어가야 할 길

이 얼마나 남아 있는지도 알 수 없다 흘러가는 것이 강물이라면 파라나강에 가서 한 물살이 되어 흘러가고 싶다 나의 아들이 뒷모습 바라보면서 흘러오는 것을 지켜보고 싶다, 돌처럼 앉아서

스펀*으로 간다

보고 싶은 사람이 있다면 그곳으로 가라
나지막히 기차소리가 귀를 잡아당기고
옹기종기 둘러앉은 집들도 발을 잡는 곳

눈물 흐르도록 그리운 사랑 있다면
빛 고운 한지에 이름석자 새겨 날려 보라
잊은 듯, 또 잊지 않은 듯 바람은 불어
얼굴 위에 누워 잠들기도 하는 곳

사람아, 스펀으로 간다
너를 만난다는 약속은 없어도
내 한 몸 천등 위에 올려놓고
길 없는 허공으로 떠돌아도 좋으리

사랑아, 나는 스펀으로 간다
잊어버린 나를 찾아서
놓쳐버린 사랑을 불러보면서
앉은뱅이꽃으로 앉아 생각에 잠겨도 좋으리

*대만의 천등 날리기로 유명한 곳.

| 정이랑 | 1997년『문학사상』등단
시집『떡갈나무 잎들이 길을 흔들고』『버스정류소 앉아 기다리고 있는,』
E-mail : irang6912@hanmail.net

폭식 외 1편

정 훈 교

당신은 폭거 폭동 폭압 폭풍과 연장선에 있는 낱말이며, 내가 당신을 잡아먹는 게 아니라 당신이 나를 잡아먹는 거예요.

삼키지 않으면 내가 당신을 삼킬 거예요. 낮보다 밤은 더 깊고 음울해요. 지속과 반복의 갈등이 나를 잡아먹는 거예요.

숨바꼭질보다 잔혹한 어둠이며, 별보다 밤보다 더 찬란한 억압인 걸요. 먹어도 먹어도 행복해요.

아침에도 밤에도 갈등갈등 폭력을 삼켜요. 깊숙이 내려와 빨리 나가는 당신인 걸요.

당신의 증식은 그야말로 폭도예요. 당신의 증식은 그야말로, 행복예요.

슬픈 여자

슬픈 여자는, 장례식장에서 울지 않는다

K도 그랬고,
K를 닮은 여자도 그러하였다

눈물 흘리는 애인들만 앉아있는

환한 장례식이다

| 정훈교 | 2010년 『사람의문학』 등단
시집 『또 하나의 입술』
E-mail : poetry2000@daum.net

처용의 사랑 외 1편

한 보 경

밝은 달빛은, 달빛에 흠뻑 젖은 내 몸인가요

달의 몸에서 나온 달의 몸인가요

밤새 노닐던 어두운 밤길은, 내가 밟고 다닌 나의 길인가요

어두운 어둠의 길인가요

걸려있는 아슬아슬한 순간을 마지막이라 부를까요

시작이라고 부를까요

빼앗기면 빼앗은 자의 시작인가요

여전히 빼앗긴 자의 마지막인가요

빼앗은 것들은

빼앗은 것이 빼앗은 거라는 걸 마지막까지 몰라요

빼앗긴 것들은

빼앗긴 것이 빼앗긴 거라는 걸 처음부터 알아요

모래알처럼 흩어지는 밝은 달빛 아래

한 바탕의 걸쭉한 춤사위는

누구의 시작을 보내는 누구의 마지막인가요

누구의 마지막을,

보내는 누구의 시작인가요

호텔캘리포니아 같은 사랑

천국이든
아니면 지옥이든

호텔캘리포니아 같은, 럭셔리모텔에서

하룻밤은 정들기 위해 혹은
하룻밤은 결별하기 위해
아늑한 심장 따위는 팔기로 했어

원하면 언제라도 체크아웃 할 수 있지만
그러나 결코 떠날 수 없는,

호텔캘리포니아 같은, 럭셔리모텔에서

호텔 캘리포니아 같은 풍으로 길게 드리워진
그림자에 깊숙이 얼굴을 묻고

천국 같은 혹은
지옥 같은 저녁이 오고 있고

막다른 다음은
두고 온 처음을 향해 달려가고

처음의 처음은
결코 기억할 수 없는 처음을 기다리고

호텔캘리포니아 같은, 럭셔리모텔에서

어떤 꿈이라도 꿀 수는 있어

그러나 결코 깨어날 수 없는, 꿈같은 꿈

| 한보경 | 2009년 『불교문예』 등단
시집 『여기가 거기였을 때』
E-mail : jandi20@dreamwiz.com

바다 위 빈방 외 1편

한 해 미

어제 소중한 것을 잃어버렸어요

홈쇼핑에서는 소중한 것을 일회용으로 빌려준다고 광고 중이네요

냉장고 문을 열고 어제의 기억을 해동시켜 보지만

어제 일이 생각나지 않아요

얼었다 녹은 사과가 태양의 웃음을 보여요

소중한 것이 검은 얼음으로 녹아내리고 있어요

서랍에서 꺼낸 바다를 펼치면

덩그러니 바다 가운데 떠 있는 빈방

통속적 소설을 향하여 빈방이 항해합니다

소설에게 물어요

내가 어제를 기억하지 못하였나요

어제가 나를 잃어버렸나요

우울한 사랑은

뾰족하다

뾰족하니까

감정의 벽에 박혀 꼭지를 틀면

거룩한 고통이 쏟아져 나온다

손가락 사이 얼음이

뾰족해서 따뜻하고

마음을 따갑게 하니

뾰족해서 치유 받고

뾰족한 것이 사랑의 문장이다

포근하면서도 잔인한

너의 심장을 관통한

사랑의 문장이 시작된다

때로는 뾰족한 상처가 덧나 흉터 하나 만들고

시간이 핥아줘도 아물지 않는

끝나지 않는 마지막 같은 문장을 쓰고 있다

| 한해미 | 2010년 『시와사상』 등단
E-mail : gksaltnr10@hanmail.net

이달의 시인 시선

통영

곽 효 환

비에 젖은 포구가 보이는
수루 앞 계단에 앉아
한 여인이 그리워
낡은 항구를 세 번 다녀간
자작나무를 닮은 사내를 떠올린다
가난했으나 어질고
외로웠으나 높고
쓸쓸했으나 다정했을 그가
사면이 바다인
섬을 닮은 남쪽 항구에서
그리워한 여인
김냄새 나는 비가* 사흘을 내리는
저문 여름 바닷가 늦은 밤
기타소리에 실린 장단은 깊어 가는데
어장아비는 없고
선술집 아낙이 내어놓은
갈치젓은 곰삭고
그가 끝내 만나지 못한 천희를
오늘 내가 그리워하며
붉은 갈색 열매 드리운 이깔나무 아래
물 맑은 샘이 있다는 마을을 어름하며
지워지지 않는 것은 얼굴을 닮는다

갈매나무를 닮은 그 사람

---

* 백석의 시 「統營」(『사슴』, 1936) 일부 인용

|곽효환| 1996년 『세계일보』 등단
시집 『인디오 여인』, 『지도에 없는 집』, 『슬픔의 뼈대』 등
저서 『너는 내게 너무 깊이 들어왔다』 외
편저 『이용악 시선』 『가난한 내가 아름다운 나타샤를 사랑해서』 외

잠 못 드는 안티폴로의 밤

김 경 숙

한밤중
모두가 잠들었네
짖어대던 개도 단잠을 자네
하지만 나는 잠을 이룰 수가 없네

그건 교교한 달빛에
그림자를 벽에 드리운
떨고 있는 아름다운
남국의 꽃나무 그림자가
참을 수 없을 정도로
아름답기 때문이라네

한밤중
모두가 잠들었네
울어대던 두꺼비 소리도 그쳤네
하지만 나는 잠을 이룰 수가 없네

그건 청아한 달빛에
빛나는 잎사귀를 나부끼다가
부는 바람에 떨어지며
내는 잎새 소리가 너무나 구슬퍼
참을 수 없을 정도로

안타깝기 때문이라네

한밤중
모두가 잠들었네
현관의 램프도 꺼졌네
하지만 나는 잠을 이룰 수가 없네

그건 고요에 눈시울을 적시며
시를 짓는 이국의 나그네가
참을 수 없을 정도로
애잔하기 때문이라네.

| 김경숙 | 『문예운동』 등단
시집 『신발』 『산과 나누는 사랑』
동화 『다복이네 달마시안』 외

엘리베이터

김 남 호

많은 밤을 기다릴 것도 없어, 당장
오늘밤이라도 좋아

그거 별거 아냐
눈감고 열을 세는 동안 끝날 거야
아프냐고? 가렵지는 않아
무섭냐고? 상상하기 나름이야
그 다음은 어떠냐고? 그건 그 다음의 일일 뿐이지

나는 이층침대를 써
내 잠 위에 누군가의 잠이 포개진다는 거
혹은 내 죽음 아래 누군가의 꿈이 밟힌다는 거
왼쪽 가슴께가 갑자기 스멀거리지 않니?

담쟁이덩굴이 모퉁이를 돌아가고 있어
이쪽 벽과 저쪽 벽을 달리는 덩굴의 속도가 다르대
그건 벽에도 제한속도가 있다는 거지
징검다리를 건널 때의 속도?
그건 담쟁이에게 물어봐

쉿! 짧은마디늑대거미가 지금 이층 침대로 올라
가고 있어

그러니 조금만 더 기다려봐

| 김남호 | 2002년 『현대시문학』 문학평론 등단
2005년 『시작』 시 등단
시집 『링 위의 돼지』 『고래의 편두통』
평론집 『불통으로 소통하기』

누군가 내 창문을 다 먹어버렸다*

김 지 녀

맴돌기만 하고 입 밖으로 나오지 않는 단어 같은 거야
같이 생각해줄 수 없는데
누군가에게 계속 던지는 있잖아 그거,

포도 한 송이

당신이 먹고 있는 포도알 속에 나의 창문이 있다
당신 손톱 밑에 물든 먹자주색이
나의 창문을 뺀 나머지다
한 개씩,
껍질로 남은 것들은 퉤, 뱉어진 나의 테두리

속없이
나는 다 말했다
블라인드를 내리는 기분으로
차분하게
억울했지만 나보다 더 억울한 사람들이 많았다는 걸 알았으므로
열었다 닫는 일이 무엇보다 중요했다

---

* 훈데르트 바서 그림의 제목

오랫동안 열지 않으면
잘 열리지 않아
창문을 잃게 된다는 것도

당신은 알고 있다 알고도 모른 척 입 다문
당신은 창문이 얼마 남지 않았다
당신은 책을 쓴다
새로울 것 없지만
새로운 애인
새로운 연필
새로운 포도알을 따서 정말 새로운 것처럼

관리사무소에서 알립니다
오늘과 내일 이틀에 걸쳐 아파트 10년 하자보수 관계로
아파트 외벽 크랙 및 페인트 공사를 진행합니다
입주민들께서는 되도록 창문을 열지마시고
갑자기 놀라는 일이 없도록 주의하시기 바랍니다

포도의 계절에
당신과 나는 갑자기 헤어졌다
알고 있다

당신은 배가 부르다
당신이 다 먹은 포도알 속에 나의 창문이 있다

단어는 결국 떠오르지 않았다
그거 있잖아,
그거,

책이 배달됐다
열리지 않았다

| 김지녀 | 2007년 『세계의문학』 등단
시집 『시소의 감정』 『양들의 사회학』

번역

여 태 천

나는 당신과 달라.
나는 당신을 몰라.
인격이 없는
투명한 두 문장을 가슴에 끌어안고
나는 울었다네.
한때 나는
완벽하게 마음이라고 생각되는 것을 향해
부서지는 모든 기표에 전념했지.
무엇이 그리 짧았던가.
가늘게 떨어지는 소리의 발자국이여.
나는 이제
한 문장에서 한 문장으로 건너가는 죽음처럼
오래 슬프구나.
낱말과 낱말을 건너
비문처럼 자유로웠다면
나는 당신과 다르고
나는 당신을 몰랐을 텐데.

|여태천| 2000년『문학사상』등단
시집『국외자들』

커다란 창

이 규 리

창이 큰 집에 살면서 되려 창을 가리게 되었다
누가 이렇게 커다란 창을 냈을까
이건 너무 큰 그리움이야

창이 건물의 꽃이라지만
나는 누추하여 나를 넓히는 대신
창을 줄이기로 한다

간절히 닿고 싶었던 건 어둠이었을까
모순의 창
제 안에 하루에도 여러 번 저를 닫아거는 명암이 있어

어느 날은 그 창으로 꽃을 보았다 말하겠지
어느 날은 그 창으로 비참을 보았다 말하겠지

우리가 보려는 건
보이지 않는 것에 대한 것인데,

왜 창 앞에 자주 저를 세웠을까
돌아보면 거기 누군가의 눈이 있었다고 말해도 될까

누군가는 나를 다 보았겠지만
해부한 개구리처럼 나를 다 보았겠지만

창이 왜 낮엔 밖을 보여주고 밤엔 자신을 보게 하는지

그리운 것들은 다 죽었는데
누가 이렇게 커다란 창을 냈을까

| 이규리 | 1994년 『현대시학』 등단
시집 『앤디 워홀의 생각』 『뒷모습』 『최선은 그런 것이에요』

응시

이 심 훈

목덜미 근지러워
미사 시간 뒤돌아보니
박꽃 같은 수녀님이다

걸상에 등 곧추 세워도
쓰다 버린 수세미처럼
왜 이렇게 후줄근해지나

꼭꼭 숨어라

고백하지 못한 속내들
유리구슬 꽃처럼 들여다보일라

내 탓이요 내 탓이요

돌아서면 네 탓뿐인 일상
꼭꼭 숨어라 머리카락 보일라.

| 이심훈 | 1988년 『못 뺀 자리』 작품 활동
2003년 『시사사』 등단
시집 『안녕한가 풀들은 드러눕고 다시 일어나서』 외

그림자놀이

이 위 발

당신은 그림자 하나 가지고
이 세상에 나와
내 가슴에 깊숙하게 드리워 놓고
내보다는 당신 그림자가 더 황홀하다고
거짓이 아님을 증명해 보려고 하지만

연꽃보다는 연꽃의 그림자가
대나무보다는 대 그림자가
더 아름답다는 것을

그림자는 숲 뒤편에 있고
향나무가 디디고 선 뜰아래에 있고
강물에 있고 내 마음속에 있고
그림자 속에 달이 있는데…

|이위발| 1993년『현대시학』등단
시집『어느 모노드라마의 꿈』
산문집『된장 담그는 시인』

이를테면 빗방울

이 정 란

누구는 과육을 먹고 누구는 향기를 마시고

삼키는 열매도 있고 터뜨려 먹는 열매도 있다

바다 단전에 찰싹 붙어 어둠을 빨아먹는 밤배는 물의 열매

그 열매를 마신 눈동자가

보름달로 익어 심해를 밝힌다

달에서 빼낸 씨를 가루 내 처음 우린 물에선 유황내가 나고

그 다음 우려낸 물에서는 갯내가 난다

향은 가령 말하자면 열매를 통과해 영근 물의 리본

지층의 광맥을 지나 대지의 심장에 가는 촉수를 대고 몸을 떨었던

공기의 낱장을 너무 빨리 넘기지 마라

장미는 향을 얻기 위해 거듭 깨어나 수십 장의 살을 바르고 코끝에 가시를 세운다

발밑에 버린 새빨간 면도날에서 그 향을 맡는 자

이를테면 빗방울

|이정란| 1999년『심상』등단
시집『나무의 기억력』『눈사람 라라』

저마다, 꽃

이 종 암

사월 산길을 걷다가, 문득
한 소식 엉겁결에 받아 적는다

–저마다, 꽃!

연두에서 막 초록으로 건너가는
푸름의 빛깔 빛깔들
제 각각인 것 모여, 사월의 봄 숲
총림叢林이다

굴참나무너도밤나무개옻나무고로쇠나무단풍나무소나무오동나무산철쭉진달래산목련아까시나무때죽나무오리나무층층나무산벚나무싸리나무조팝나무서어나무물푸레나무……,

꽃을 가졌거나 못 가졌거나
몸의 구부러짐과 곧음
색깔의 유무와 강약에도 관계없이
온전히
함께 숲을 이루는 저 각양각색의
나무, 나무들

사람들 모여 사는 세상 또한, 그렇다
저마다 꽃이다
사람이 꽃이다

|이종암| 1993년『포항문학』등단
시집『물이 살다 간 자리』『저 쉼표들』『몸꽃』외

그것

이 준 규

나는 그것에 흥분한다. 정교한 까치 소리. 나는 그것에 흥분한다. 금강석 같은 논리. 나는 그것에 흥분한다. 너의 참혹과 나의 비참. 나는 그것에 흥분한다. 너의 하얀 치마. 나는 그것에 흥분한다. 읽을 수 없는 텍스트. 나는 그것에 흥분한다. 겨울의 개똥. 나는 그것에 흥분한다. 앰뷸런스에서 나오는 들것. 나는 그것에 흥분한다. 겨울의 나뭇가지. 나는 그것에 흥분한다. 사이시옷. 나는 그것에 흥분한다. 잊힌 말. 나는 그것에 흥분한다. 상투적인 연상. 나는 그것에 흥분한다. 자폐아의 눈물과 침. 나는 그것에 흥분한다. 너의 얼굴. 나는 그것에 흥분한다. 잘 차려입은 남성. 나는 그것에 흥분한다. 폭력. 나는 그것에 흥분한다. 너의 전략과 전술. 나는 그것에 흥분한다. 포기. 나는 그것에 흥분한다. 너의 잠. 나는 그것에 흥분한다. 거울에 비친 나의 모습. 나는 그것에 흥분한다. 오열. 나는 그것에 흥분한다. 나는 그것에 흥분한다. 갇힌 자. 나는 그것에 흥분한다. 시계탑. 나는 그것에 흥분한다. 교각의 가마우지. 나는 그것에 흥분한다. 스프링클러. 나는 그것에 흥분한다. 수술도구. 나는 그것에 흥분한다. 잔디 위를 느리게 구르는 공. 나는 그것에 흥분한다. 아이의 천진한 웃음. 나는 그것에 흥분한다. 적

개심으로 타오르는 눈동자. 나는 그것에 흥분한다. 외국에서 온 물건. 나는 그것에 흥분한다. 재앙. 나는 그것에 흥분한다. 죽어가는 사람. 나는 그것에 흥분한다. 정의로운 엉덩이. 나는 그것에 흥분한다. 쏟아지는 술. 나는 그것에 흥분한다. 그리고 너. 나. 우리. 기약 없음.

|이준규| 2000년『문학과사회』등단
시집『토마토가 익어가는 계절』『네모』『반복』

당신

함 기 석

잘못 펼치셨습니다 그냥 넘기세요 당신은 잘못된 페이지입니다 당신은 당신에 의해 우연히 발견된 사건현장입니다 당신은 당신의 사체가 흰 천에 덮여 있는 골목입니다 당신은 접근금지구역입니다 당신은 지금 당신이라는 무한히 갈라지는 무한골목 내부에 있습니다

북쪽으로 검은 모자와 시계들이 둥둥 떠다닙니다 남쪽에선 이빨이 썩은 코스모스들이 악취를 풍기며 웃고 있습니다 서쪽에선 죽은 고양이들의 교미소리가 계속 들려오고 동쪽에서 아기울음소릴 내며 비가 내리기 시작합니다

당신은 이해될 수 없는 장소입니다 당신은 빨간 노끈으로 차단된 살인현장입니다 당신이 흘리는 피와 시간이 흰 천을 붉게 물들이고 있습니다 당신은 침묵하는 미궁입니다 당신은 당신을 목격하며 당신에 갇힙니다 당신 사체 옆의 당신 사체 옆의 당신 사체 옆의 무한 사체들

잘못 펼치셨습니다 당신은 썩어가는 페이지입니다 당신은 당신의 악취로 파리와 쥐 떼를 부르는

기이한 골목입니다 당신은 음모와 발톱이 자라는 사건현장입니다 당신은 당신의 접근금지구역입니다 당신은 무한히 갈라지는 무한개의 폐곡선입니다 찢어버리세요

|함기석| 1992년 『작가세계』 등단
시집 『국어선생은 달팽이』 『오렌지 기하학』 외
동화 『숫자 벌레』 외

동인이 뽑은 젊은 시인

나의 리치 람부탄 나무 애인들

남 궁 선

우리의 사랑은 왜 아직 끝나지 않을까요?
끝나지 않았나요?
끝나지 않지 않았나요?

벌벌벌 떨면서 당신이 오길 기다린다.

눈송이가 비탄 비탄 비탄 비탄 쏟아지고 나뭇가지가 휘어졌다 본관 앞에는 학교 설립자의 동상이 있어야 하고 서관 꼭대기에는 새들이 뛰어내리는 시계탑이 보여야 하는데 이곳은 분명 그곳인데 휘날리는 청동 코트 깃도 나부대며 떨어지는 비탄 비탄 비탄의 나의 애인들은 눈보라 치는 새벽 교정에 왜 없는가 새들은 어이 잠들고야 말았는가 일어나 일어나 일어나 ……

미래에 가 있었니 그곳에도 애인이 많았니 애인들을 찾지 못해 비탄비탄비탄! 탄! 에 악센트를 주며 울었니 괜찮아 이곳은 눈이 내리지 않는 리치 람부탄 나무의 나라 너의 애인들이 머무는 외국인 기숙사동 앞에서 외국인인 채 그밖에 달리 뭐라 할 수 없이 애인을 기다린다 우리는 국적이 다른 애인 사이 당신은 애인이 너무 많아요.
애인이 너무 많은 가요. 나는.

놀랍도록, 비탄 비탄 비탄 비탄 …… 유혹은 끝이 없구나 끝장이 나지 않는구나!

나의 애인은 푸동반점 로비에서 차를 마시며 필리핀 밴느의 음악을 듣는 둥 마는 둥 리치와 람부탄의 차이에 대해 생각하곤 했다 그보다 푸동반점 앞에 늘어선 노점상에서 양꼬치를 먹고 청도맥주를 마시다 푸동반점 화장실을 자주 애용한다는 편이 맞는 말이지만 푸동반점 화장실에서 나올 때는 잊지 않고 화장실 화병에 꽂혀있는 한 송이 꽃을 윗도리 속에 숨겨와 기어코 잃어버리고야 마는 피부색이며 눈 코 입 머리카락 빛깔이 이 나라 사람과 유사한 이 나라 말을 더듬거리며 이해할 수 없는 말이군 나는 모르는 일이라고 내가 누군지 아나 내가 어느 나라에서 왔는지 알기나 한단 말인가 자신의 외국인성을 증명하기 위해 뛰어난 말더듬이가 되어 꽃이나 체크무늬 테이블보 포크와 유리잔 따위를 슬쩍해서 기숙사 살림에 보태기도 하는 나의 애인의 애인들은 이국에서 슬픔은 똑똑하게 흐르지 않아요.
똑똑하게 흐르지 않아요. 모국에서 슬픔은.

운동장을 뛴다 온 누리의 운동장을 뛴다 코피가 터진다 세계의 진미 진미의 세계 맛의 국력 권력적인 슬픔을 당해내지 못하고! 코피가 터져버렸다 비탄 비탄 비탄 비탄 비탄의 핏방울이 내리기 시작한다 버림받은 애인들 부디 사랑하는 나의 리치 람부탄 열매들 접시 위에 올려진 더는 돌이킬 수 없도록 새롭고 붉고 검은 알몸의 눈송이 눈보라 눈의 꽃 청동의 코트 깃을 흔들어대는 훔쳐온 시계의 초침 분침 시침으로도 되돌릴 수 없는 눈송이 눈보라 눈의 꽃

|남궁선| 2011년 『시작』 등단
시집 『당신의 정거장은 내가 손을 흔드는 세계』

얼음 대접

박 영 기

바람에게 머리카락 죄 뜯겨 민숭민숭한 머리통 떼구루 굴러온 해골, 나는

머릿속에 이빨 같은 씨앗 여러 개 박혀 있다
몇 개는 썩고 몇 개는 살을 악물고 있다

종일 겨울 대청마루에 앉아 골똘한 나를 너는, 모란꽃무늬백자 요강이란다 밑을 홀랑 까고 걸터앉아 내 머리에

오줌을 누는

털 난 네 입술에 쩍 달라붙는다 나는, 물고 놓지 않는다

|박영기| 2007년『시와사상』등단
시집『딴전을 피우는 일곱 마리 민달팽이에게』

백야를 읽는 밤

– 밀폐된 타일 독서실의 몽환

이 하 율

한밤중 수조의 레버를 내리자 시작되는 여행이 조급하다
잠옷 차림인데다 날이 새기 전 돌아와야 하기 때문

그래서 나는, 하수관 속으로 물의 유령처럼 휘어져 사라진 내가
그곳 함메르페스트에 한 번에 뚝 떨어지길 빌었다

파열된 밤낮의 경계, 일 년의 절반은 어둠 잃은 밤,
해 몰이 안무 지어 즐기는 오싹한 춤의 극야

해적 모자에 돋은 뿔 문장을, 후티루텐* 선실 가득 어질러놓고
홀로 늘이고 줄이고 꿰메고 있는

삐뚤어진 나는 나로부터 가장 멀리 떠나온 낯선 해협의 유숙자
그때 백 년의 약속 같은 건 벌써 잊었다

---

* 후티루텐 : 함메르페스트에 정박하는 노르웨이 해안 유람선

북극곰이 선실 창 밖으로 손 흔들며 지나가고
초록의 오로라를 만나는 매일매일 우아한 나는 지금,

자오선 기둥 아래 지구의 극점 천정과 천저 사이에 있다

지평선 아래로 더는 기울지 못하는 해가
억만 겹의 광선으로 멋대로 분열해 마구 쏘아 붙이는 시간,
극점에서의 185박 186일이 귀신고래의 숨쉬기보다 짧았으나

가려운 왼쪽의 얼굴을 감추고 오른쪽으로 틀며 돌아가자
저기, 고요하거나 고요하지 않은 독서실이 닫히기 전에

다행히 내가 고래의 투명 아가미를 이식한 걸 아무도 모른다

|이하율| 2011년『詩로 여는 세상』등단

유예된 시간

이 해 존

오랫동안 한 사람으로 완성되었다 한 사람이 두 사람으로 찾아올 때 한 사람을 반성하고, 귀에 대고 소문을 얘기했다

결정은 최대한 지연되었다 무거운 돌멩이를 매달아 멀리 던졌다 그 돌멩이가 나를 끌고 다녔다 아무도 말하지 않는 몸이 한 사람 쪽으로 기울고 있다 이미 결정된 것이 등 뒤의 가시 박힌 담장에서 이뤄졌다

소문을 실어 나르는 발자국과 불가능한 것을 기획하는 이마들, 아무것도 없는 곳으로만 질주했다

오래 세워진 것들이 조금씩 기운다 나를 속이면서 친절해질 때, 아무도 믿지 말라는 귓속말이 더욱 은밀해진다

탁자 위에 놓아둔 서류를 오늘은 읽고 내일은 접고 어제는 찢어버렸다

조금씩 기울면서 무너질 때, 다른 세상이 나타났다

| 이해존 | 2013년『경향신문』신춘문예 등단

아름다운 복수들

이 현 호

복수를 사랑한다. 그건 복수보다 아름다운 일. 그림자는 하나의 전구 빛을 나누기 위해 스스로 흐려지면서, 하나의 꽃술에 매달린 꽃잎들처럼 분신한다. 빵조각을 나눌수록 배고픔은 깊어가지만, 굶주림에 대해 이야기 나눌 사람도 늘어난다. 퍼즐 같은 삶의 문법 안에 복수를 흩어뿌리기 할 때, 무의미가 의미를 가지치기할 때, 투명해지는 어깨들. 멜빵처럼 그 어깨에 두 팔 걸치고, 흘러내리지 않는 그림자가 될 때, 가지와 가지가 어긋매껴 만드는 그늘 아래 걸을 때, 사랑한다, 사랑하지 않는다…… 하나 둘 떨어져나간 꽃잎들이 퍼즐 조각으로 완성할 아름다운 복수들. 복수가 복수를 사랑해서 복수가 복수를 낳는, 그건 나무 더하기 나무는 숲보다 아름다운 일.

| 이현호 | 2007년『현대시』등단
시집『라이터 좀 빌립시다』

하루살이떼를 머리에 쓰고

조 민

뒤로 걷는 그를 따라서
들길을 걷습니다
그는 자꾸만 뒤로 가고 나는 앞으로 갑니다
걷는다를 찍는 그와
걷는다를 머리에 인 나와
걷는다를 슬리퍼로 질질 끄는 그가
들길을 갑니다
우리는 머리가 세 개입니다
우리는 가슴이 세 개입니다
머리 하나는 웃고 머리 둘은 울고 머리 셋은 아픕니다
들길은 들길에서 저물어갑니다
들길은 나를 모르고 나는
들길을 모릅니다
나는 알려지지 않은 또 하나의 들길,
그 누구도 쓰지 않았을 편지와 담쟁이와 이끼와
거미줄도 없는 들길이
들길 끝에 서 있습니다

말풍선처럼 붕붕 따라다니는 하루살이 떼를 머리에 쓰고

|조 민| 2004년 『시와사상』 등단
시집 『조용한 회화 가족 NO.1』

주목하는 시인들

빨간 구두의 금요일

강 경 아

따각따각 빳빳한 월요일. 그 소리가 무뎌질 무렵 낯설지 않게 혹은 가벼움으로 선명해지는 날이야. 일탈을 꿈꾸는 일몰이 눈동자 속으로 붉게 번질 때까지 일정 분량의 클라이맥스를 준비해야 하는 건 사용자의 몫이지. 중년일수록 간절한 것들은 언제나 레드 카펫 속으로 런어웨이.

엄지발가락에 힘을 줘야 업이 되는 가느다란 목선. 여유로운 눈 맞춤 사이로 빨간 손톱의 떨림이 보일 듯 말 듯, 무릎이 스치도록 걷다보면 적정선의 호감 포인트가 당신을 흥분하게 할 거야. 우연을 볼모로 한 친구, 애인도 아닌.

썸*이라 했니.

연기가 나는 호박마차를 타고 푸른 숲속으로 가자. 원 투 차.차.차. 유행 트랜드에 맞게 도도한 스탭 바이 스탭. 마른 땅콩의 심장마저 쿵쿵거리게 하는 난쟁이들의 합주. 빨간 장화 같은 건 던져 버리랬지. 일곱 빛깔의 마음이 통통통 튀도록 쿵짝 쿵쿵짝.

중심을 벗어나는 곳엔 기다리던 당신이 있지.

*썸:이성 친구를 사귀는 것은 아니지만 사귀려고 관계를 가져 나가는 단계를 말한다.

|강경아| 2013년 『시에』 등단

모과

강 성 은

저 모과는 지난 가을의 모과다
썩은 모과다
그런데 아직도 냄새가 난다

지난겨울 너에게 실수했다
너는 괜찮다고
그럴 수도 있다고

모과나무 아래서 떨어진 모과 두 개를 주웠다
모과는 계절이 바뀌면서 조금씩 썩고
썩을수록 더 진한 냄새가 난다

방안을 가득 채운 것은 썩은 모과의 냄새
썩기 전부터 나던 냄새다

| 강성은 | 2005년 『문학동네』 등단
시집 『구두를 신고 잠이 들었다』 『단지 조금 이상한』

코페르니쿠스적 가설

김 도 언

고개를 숙이고 빨리 걷는 사람과
거짓말 잘 하는 사람이 결혼을 해서
낳은 아이가
달맞이꽃이 될 가능성은 얼마나 될까.

나는 지금 질투를 다스리는 법에 대해
말하고 있지 않다.
말할 수 없는 것에서부터 시작되어야 하는
절정의 관습에 대해 말하는 것이다.

오른손바닥으로 뒤통수를 덮고
엎드려 자는 사람과
목이 긴 사람이 결혼을 해서 낳은 아이가
빨간색 훌라우프가 될 가능성은 얼마나 될까.

나는 지금까지 단 한 번도 폐허에 대해
말한 적이 없다.
행성이 좌표를 바꿀 때 어느 시인이 돌연사하는
점성술의 사실주의적 경향에 대해 말하는 것이다.

입술이 얇은 사람과
습관적으로 설사를 하는 사람이 결혼을 해서

낳은 아이가
외로운 밤의 비가 될 가능성은 얼마나 될까.

나는 부주의한 사랑의 어리석음을
묘사한 적이 없다
꽃과 독버섯이 다투지 않고 피는
저 아름답고 폭력적인 고요를 말했을 뿐.

| 김도언 | 2012년 『시인세계』 등단

밥39

김 상 현

시인들이여
꽃을 노래하지 마라
죽을힘을 다해 피어내는 꽃의 아픔을
더 이상 노래하지 마라
그대들의 생존이
피는 꽃처럼 치열하지 않다면
가학성 노래는 부르지 마라

시인들이여
지는 꽃 아쉬워하지 말고
피는 꽃 아파하여라.

꽃
한 잎
한 잎이
눈물 쏟으며 피어난다.

| 김상현 | 1992년 『시와시학』 2009년 『평화신문』 신춘문예 등단
시집 『달빛 한 짐 바람 한 짐』 『노루를 발을 벗어두고』 외
CD-ROM 시집 『사랑의 방식』
방송 칼럼집 『하늘에 떠 있는 섬』
산문집 『사람에게도 향기가 있다』 외

강

김 성 규

초등학교 입학 전, 강 건너편으로 다리가 놓였다 어머니는 그 강을 건너 식당으로 가고 나는 강 이편에서 어머니를 부르며 걸었다

강은 내 어머니를 강 건너로 데려가고 우리 형을 이 세상에서 데려가고 죽은 할머니에게 한 척의 배를 마련해주었다

취한 아버지는 젖은 풀밭에 앉아 땀 흘리고 누나들은 송사리 떼를 쫓아 공장으로 가, 나는 죽은 채 쏟아지는 햇살을 맞으며 행복했던가

욕심이 많아 모든 것을 빼앗긴, 죽지 않고 버티다 몇 년을 더 살다, 허리에서 잎사귀를 뱉어내는 나무를 보며 이곳에서 걸어 나갔는가

뒤안에 구슬을 묻고, 흘러갔는가 그 다리를 건너 어머니가 돌아오고, 죽은 할머니가 화를 내며 건너오라 울어도 홍수에 떠내려간 다리 밑에 서서

웃는 식구들을 본다 삶은 옥수수를 들고 평상에 앉아, 뭉게구름처럼 늙어가는 어머니, 철없이 합창

을 하는 어린 누나들

나를 찾으러 올 것이다, 밥 먹으라고, 목이 쉬도록, 내 이름이 메아리로 돌아와 나를 흔들 때까지

글씨를 쓴다, 물 위에, 쪼그려 앉아, 처음으로, 어둠이 앞 다퉈 몰려와 얼굴을 지울 때까지

이제는 나를 용서하고, 나를 이해해야 한다고, 흙 속의 구슬처럼 우는, 나를 용서해야 한다고……

|김성규| 2004년『동아일보』신춘문예 등단
시집『너는 잘못 날아왔다』『천국은 언제쯤 망가진 자들을 수거해가나』

유월 당신

김 수 우

나의 제사는 태양을 향한 것도 영원을 향한 것도 아닙니다

어둠길 함부로 잊혀진 달개비를 찾아 구부린 꿈입니다

문득 깨어 물그릇처럼 앉아있는 밤

산그늘 닮은 당신, 검불 많은 당신의 제사를 봅니다

당신의 기적은 유월 낮달을 가르고 버려진 것들을 불러 앉힙니다

나의 기적은 모퉁이 창가에서 그런 당신과 마주 절하는 것

아프리카의 봄이 불현듯 툰드라에 꽃대 세우듯

나의 제사, 당신의 제사 마주 앉으면 지상 가득 개구리밥 피어납니다

푸른 제삿밥, 소복합니다

| 김수우 | 1995년 『시와시학』 등단
시집 『길의 길』 『당신의 옹이에 옷을 건다』

샤프

김 영 식

샤프, 이것은 무엇인가 책상이다가 제라늄이다가 구름이다가 생각하면 샤프는 창백한 백지의 얼굴 위에 검은 욕망을 배설한다 킬킬거리며 제 꼬릴 자르고 자꾸만 달아나는 도마뱀처럼 잘라도 잘라도 다시 태어나는 샤프의 중독이 샤프를 정의한다 오늘 그녀는 떠나고 샤프, 이것은 도대체 무엇일까 생각하는 사이 나는 책상을 쓴다 제라늄을 쓴다 구름을 쓴다 나는 샤프를 추종하지 않고 나는 샤프 지향주의자는 아니지만 샤프는 나를 소모하고 나는 샤프를 소비하고 샤프는 일생동안 단 하나의 헤게모니를 소유한다고 말한 건 명백한 오류다 그녀는 가고 나만 남았다 아니 내가 떠나고 그녀가 남았던가 그런데 샤프와 그녀가 무슨 관계가 있는 걸까 생각하는 사이 샤프는 책상을 버린다 제라늄을 버린다 구름을 버린다 바람은 시들해진 저녁의 이마를 만지고 샤프는 샤프가 아니라고 말할 때 가장 샤프해진다 그러면 나는 내가 아니라고 말할 때 가장 나다워 지는 것인가 모든 샤프는 절정의 순간에 부패한다 내가 나에게 말하는 동안 샤프는 재빨리 샤프를 이별한다

| 김영식 | 2007년 『동양일보』 『강원일보』 신춘문예 등단
2007년 『현대시학』 등단
시집 『숟가락 사원』

입양을 입양하다

김 인 갑

이천오백의 아기들이 타는 비행기

초유를 빨지 못한 초유의 사태

지상을 밟지 못한 지상초유의 사태

마지막 태동의 기억이 기억상실증에 걸린 이천오백의 산모

어디에도 담아 두지 못한 배냇짓

끊었나 아니면 끊긴건가 자꾸만 헷갈리는 탯줄

새벽이면 어김없이 터지는 별들의 소리

태풍 전야를 알리는 아기의 곤한 잠

이름 모를 타국의 칼바람

언덕의 쓰러져가는 허름한 집 풍경

모두 입양 할 수 있다면

그것들마저 입양 조건에 포함되어 있다면

입양이란 말까지 입양된다면

|김인갑| 2013년『애지』등단

가까운 사이

김 준 현

이어폰은 죽은 새의 혈관이다

옆집과 나누어 쓰는 벽은 읽히지 않는다
나는 입을 벌려 벽 너머의 목소리를 더듬는다
변성기처럼

이어폰으로 귀를 누르면
사랑했던 사람들의 목소리가
내 안으로
울음소리를 먹고 자란다
아침마다 몰래 자란다 그늘처럼
수염은 검은 피일지도 몰라
깎을수록 단단해진다

들으면 증발하는 순간을, 새 한 마리가
단단하게 뻗은 감나무 가지처럼 떤다
몇 걸음의 복도를 지나
뒤축으로 깊어지는 소리를 지나
옆집에 도달하는

중독이란
조금 더 거칠어진 수염을 깎는 일이다

푸른 화면으로 비치는 당신의 눈매가
거칠어지는
그늘의 가장 어두운 부위에 누워
나는 입을 벌리고 노래하는 새들을 죽이고
둥지 아래로 수염이 자란다

| 김준현 | 2013년 『서울신문』 신춘문예 등단

돌멩이를 사랑한다는 것

박 소 란

어떤 누구든 사랑할 수 있다는 것

집 앞 과일트럭이 떨이 사과를 한 소쿠리 퍼주었다
어둑해진 골목을 더듬거리며 빠져나가는 트럭의 꽁무니를 오래 바라보았다
낡은 코트를 양팔로 안아 드는 세탁소를
부은 발등을 들여다보며 아파요? 근심하는 엑스레이를
나는 사랑했다 절뚝이며 걷다 무심코 발길에 차이는 돌멩이
너는 참 처연한 눈매를 가졌구나 생각했다 어제는

지친 얼굴로 돌아와 말없이 이불을 끌어다 덮는 감기마저
사랑하게 되었음을

내일이 온다면
영혼이 떠난 육신처럼 가벼워진 이불을
상할 대로 상해 맛을 체념한 반찬을 어루만지기로 한다

실연에 취한 친구는 자주 울곤 했는데
사랑은 아픈 거라고 때때로
그 아픔의 눈물이 삶의 마른 화분을 적시기도 한다고 가르쳐 주었는데
어째서 나는 이토록 아프지 않은 건지

견딜 만하다, 덤덤히 말한다는 것

견딜 만한 것을 다행으로 여기며 텅 빈 곳으로의 귀가를 재촉한다는 것
이 또한 사랑이 아닐까 궁지에 몰린 사랑,
그게 아니라면

도리가 없다는 것 더 이상
사랑하지 않을 도리가

우연히 날아온 무엇에라도 맞아 철철 피 흘리지 않을 도리가

| 박소란 | 2009년 『문학수첩』 등단
시집 『심장에 가까운 말』

내 사랑 숯불 닭발

박 순 원

이상훈이 닭발집을 냈다 '내 사랑 숯불 닭발' 귀찮다고 숯불을 빼려는 것을 내가 숯불이 포인트라고 귀찮더라도 꼭 숯불을 피우라고 했다 간판에는 숯불을 빨간 글씨로 박았다

벽에다 자기 시 남의 시 잔뜩 써서 덕지덕지 붙여놨다 그런다고 시인이 오냐? 장사가 되냐? 함기석하고 술 마시기로 한 날 빨리 함기석 시 하나 써서 잘 보이는 데다 붙여놓으라고 미리 전화를 했다 과연

그냥 시만 써놓지 괴발개발 매직으로 참새 하모니카 되도 않게 그림까지 그려놨으니 점심 장사도 해보고 배달도 해보더니 몇 달 있다 접는다고 연락이 왔다

숯불도 사랑도 닭발도 다 부질없었다 밑천이 딸려서 상권이 죽은 데다 자리를 잡은 것이 가장 큰 패착이었다 고민고민하다 열라 부채질을 해서 숯불까지 피웠는데 닭발한테 사랑한다고 고백까지 했는데

|박순원| 2005년 『서정시학』 등단
시집 『주먹이 운다』 『그런데 그런데』 외

희망 부동산

서 화 성

사람 일이란 참 이상도 하지,
물러 터진 귤처럼 반쯤 속살이 보이는 그 곳은
희망이라기보다 해돋이처럼 절망이 앞선다
반쯤 벗겨져 한입에 쏙 들어가도록
먹기 좋게 생긴 땅이 천지에 있다며
오늘도 보이스피싱은 기상나팔처럼 울린다
이제는 더 이상 물러설 때가 없는
어느 크레인 농성자는 나뭇가지처럼 메말라간다
그에게는 단식이 주식이 되어버린 하루, 이틀
가뭄에 쩍쩍 갈라진 지갑은
달랑 삼 천원한다는 배추 한 단에 장바구니는 홀쭉해지고
풍선처럼 가슴이 터지도록 부풀어 있지만
어디로 가야할지 모른다
유통기한이 없는 희망이라는 단어,
일주일전 압류딱지에서 그것은 지워졌다
비타민을 한꺼번에 털어먹으면 숨바꼭질을 하듯
숨은 근육들이 불쑥 나타날까,
막내 녀석은 화장실 문턱이 닳도록 들락거린다
하루살이에 걸맞게 하루를 지탱했지만
오늘도 그 곳을 지나칠 때마다
반쯤 잘린 어깨에서 해가 저문다

| 서화성 | 2001년『시와사상』등단
시집『아버지를 닮았다』

새벽소리

안 이 삭

지하철 4호선
사당역 막 지나

옆자리 앉은 중년 남녀가
어릴 적 친구들 하나하나 들춰가며 같이
동창회 가는 중 나누는 대화를
흐뭇하게 엿듣고 있는데

자지러지는 아기 울음소리
확 귀를 당긴다

대화가 뚝 끊어지고
졸고 있던 맞은편 젊은 여자도 눈을 뜬다
이제 겨우 백일 정도나 되었을까

쏟아지는 시선에
쩔쩔매고 있을 엄마는 아랑곳없이
울음소리는 우렁차고 나는 즐겁다

얼마 만에 들어보는 거침없는 소리냐
눈치도 안 보고
거짓도 없는
저 첫새벽 세상 건너는 소리

|안이삭| 2011년『애지』등단
시집『한 물고기가 한 사람을 바라보는 오후』

특급 채무자

– 어머니께

안 화 수

갚아야 할 빚이 얼마나 남았을까

평생 갚아도 오뉴월 논둑 밑
겨드랑이에 매달린 은공에도 못 미치지만
어머니 숨길이 가쁘다
초등학교 우등생에 어린이회 부회장까지는
원금 정도 갚았다 억지로 우기면 되겠고
마산에 유학하던 고등학교 3학년 어느 주말
같은 반 하숙 친구 이삿짐 나른 술턱
진로 포도주 몇 잔에
모범 학생 와장창 박살나고
재수하고도 대학 시험 떨어져
부모님 가슴 쓰리게 한 죗값 언제 갚을지

어머니, 지금은 너무 이릅니다
기다린 김에 조금만 더 기다리시죠
자랑스러운 아들 빚쟁이 되면 안 되잖아요
눈덩이처럼 불어난 이자까지 모두 갚겠습니다
가시는 길 아무리 급해도
채무자 뒷정리할 기회를 주셔야지요

|안화수| 1985년 월영문화대상 수상
시집『까치밥』『명품악보』

타일들

여 성 민

가지런하고 타일은 아름답습니다

당신은 괜찮습니까

황홀하거나 타일의 방에서 만나요
슬픈 발로 서 있으면 찾을 수 있을 거예요

오, 판결문처럼, 규칙과 반복
하얀 타일을 들고

엄숙하게 선서해요 고요한 정사를 위해 타일들과 결혼해요

타일을 신고 걸으면 나는 두 발이 빛나는 사람

당신의 가슴은 달고 사과처럼 차가워요
따뜻한 물로 발을 씻고 두 발을 앞으로 내밀어요 발톱을 가진

심장이 됩니다,

더 슬픈 발로 서 있는 사람이 됩니다

당신들은 괜찮습니까

타일 하나가 깨지는 날 우리는 집으로 돌아오지 못 하고
발은 유죄를 선고 받지만

타일을 타인처럼 사랑하면 돼요 타일과 걸어요
슬픈 발과 슬픈

발을 동시에 내밀면 심장으로 걸을 수 있고
타일은 소리를 갖게 됩니다

양말을 벗고 타일 앞에서 만나요 박동 소리를 들어요
발이 타일을 깨고 나가는 소리를

아픈 발의 증언을

| 여성민 | 2012년 『서울신문』 신춘문예 등단
시집 『에로틱한 찰리』

오래된 불판

연 세 영

우리 집에 오래된 불판이 있어
가만히 보니 기름기가
덕지덕지 있는 거야
쇠 수세미로 살살 닦으니
그 옛날 고집불통들이
떨어져 나오는 거야

미안하다 했지
허겁지겁 내 얘기만 늘어놓던 일
쌈장에 싸서 내 이름만 팔아먹던 일
다 익지도 않은 지식을 갖고
뒤집어라, 뒤집지 마라
뜨겁다, 차다 잘난 체만 했었지

죽을 죄를 졌다 했지
불판을 닦고 나서
한바탕 내 안의 녹까지,
홀딱 벗기겠다 했지.

| 연세영 | 1996년 『시와사회』 등단, 2003년 『현대시문학』 등단
시집 『외딴 섬으로의 유영』 외

흑잔등거미

오 유 균

달덩이가 창에 붙어 누런 진액을 흘렸다 어머니는 마른 풀잎 같은 기침을 자주 뱉었다 그때마다 등잔불이 가늘게 흔들렸다 밤이면 대숲이 빈 몸으로 울었다 돌아누운 어머니 등은 무덤처럼 둥글고 검었다

해질 무렵, 어머니는 마을로 내려가 기울어진 달을 이고 올라왔다 휘어진 산길을 돌아서면 바람이 나무숲에서 스스슥 소리를 내었다 산새는 검고 깊게 울었다 부른 노래를 또 부르며 어머니 옷자락을 잡고 걸었다 가끔씩 바구니에 담긴 달이 흘러 어머니 얼굴에 줄을 쳤다 내가 아는 노래는 너무 짧았다

낯선 도시 떠다니는 동안 닿지 않는 나를 향해 줄을 내리고 기어다니며 기다림을 익혔다 허공에서 길을 놓친 그날, 햇빛이 들지 않는 습한 방에 담겨 둥글고 검은 울음을 울었다

골목 돌아서서 벽을 후려칠 때
낮게 걸려있는 집 한 채
턱을 박고 체액을 빨고 있는 내가 보인다
어머니가 몸을 푼 집

오그라드는 몸에서 내린 저, 질긴
줄

| 오유균 | 2011년 가을문예 당선 등단

사자死者의 서書

유 병 록

거기에서는
죽은 자의 피부를 벗겨 가까운 사람들이 나눠 가진다더군
아끼는 책을 장정하고 이름을 새긴다더군

죽은 자는 책이 된다더군

아기가 태어나 글을 익히면
최근에 죽은 자의 피부로 감싼 책을 선물한다더군
그를 대부로 삼는다더군

거기에서는
몇 권의 책을 장정하며 성인이 된다더군
결혼을 서약할 때는 책에 손을 얹고
여기 장엄한 생을 두고 맹세합니다, 말한다더군

때가 되면
가까운 사람들의 이름을 유언으로 남겨야 한다더군

거기에서
죽은 자는 몇 권의 책이 된다더군
문자의 외투가 된다더군

늙어서 죽은 자는 지혜의 책이, 젊어서 죽은 자는
혁명의 책이 된다더군
아이가 죽으면 예언서가 된다더군

삶에 관한 의문이 드는 저녁에 쓰다듬는
한권의 생이 된다더군

| 유병록 | 2010년 『동아일보』 신춘문예 등단
시집 『목숨이 두근거릴 때마다』

근처 새
– 곤줄박이

유 종 인

근처까지만 내려온다

밤새 눈물범벅을 만든 사내를 만나러

비구니가

비구니를 버리려고 겨울 산길을 내려오다가

산바람 소리를 듣는다

사내가 기다리고 있는 읍내 다방으로 가려다가

허옇게 잎 끝이 마른 산죽 덤불에 웅크린 고라니 말간 눈빛과 마주친다

발목이 부러져 인가에 기웃거리지 못하고

인중이 갈라진 코를 벌름거리며 웃는건지 우는 건지 모를 고라니 때문에

비구니는 자꾸 코앞에 닥친 간이정류장을 바라만 본다

이만하면 됐지, 이만하면 됐어

마음에 묻은 붉은 정염의 무늬들을 짙은 회색의 승복으로 가린 그대여

사내는 공연히 차를 식히며 식어가는 차茶의 일생을 내려다보며

자신에게 다가오고 있을 머리 깎은 애인의 발걸음을 센다

햇살이 비킨 다방 유리창에 날아가는 새 그림자 기척에

머리 깎은 애인의 발걸음을 놓치고 얼마쯤 다시 센다

이만하면 됐지, 이만하면 됐어

비구니는 눈물범벅의 여인 속에서 등 돌려 빠져나오고

울음은 목젖이 보일까 입만 벌리고 깊어진다

사랑은, 근처까지만 온다 근처까지만 와서 울다가 되돌아간다

| 유종인 | 1996년 『문예중앙』 시,
2003년 『동아일보』 신춘문예 시조 등단
시집 『사랑이라는 재촉들』 『교우록』 『아껴 먹는 슬픔』
시조집 『얼굴을 더듬다』 산문집 『염전』 외

숟가락의 연애법

윤 현 주

시방 허기지고 쓸쓸한 나는 허름한 식당 구석에 앉아
한 자루의 낡은 스테인리스 숟가락과 연애 중이다
한때 니나노 판의 빛나는 가락이었던 숟가락이
모락모락 밥을 내 입속으로 퍼 나를 때
육체는 숙성한 밀가루반죽처럼 부풀어 오른다
헐떡거리며 밥 한 그릇을 뚝딱 해치우는 동안
숟가락은 입천장과 혓바닥을 얼얼하게 달군다
입술에 부드러운 애무로 후희마저 갈무리한 뒤
식탁 위에 벌러덩 드러눕는 숟가락
흡족하게 관계를 치른 사내처럼
한껏 부푼 배를 출렁이며 나는 식당 문을 나선다
그렇다면 숟가락은 나의 애인이라도 된다는 말인가
오늘은 내 입속을 뜨겁게 달궜지만
어제는 행인 상인 노숙자 은행원 교사 학생 사장 종업원 공무원
운전기사 무직자… 가리지 않고
허기지고 쓸쓸한 입속을 애오라지 누볐을 테니
숟가락은 천하의 바람둥이라고 해야 하나
나와 당신은 숟가락을 매개로
입술을 교환하고 민감한 혓바닥마저 공유했으니
얽히고설킨 다각多角의 연인관계라고 해야 하나

목숨 줄을 놓지 않는 한 결코 숟가락질을 멈추지 않는
나와 당신은 필생의 연적이라 해도 되겠다
한 사람의 입내 기억을 설렁설렁 헹구고
다른 입속에 들어가기 위해 정렬해 있는 숟가락은
저잣거리의 입들을 한통속으로 결속하는 도구이다
저 과묵한 숟가락의 사랑법은
날미디 육체를 부활시키는 한 끼의 거룩한 성행위다

|윤현주| 2014년 『서정과현실』 등단

마리오네트의 悲歌

이 경 욱

1

툭…

마지막 줄과 함께 머리가 구른다.
먼지 옷을 입은 마리오네트
꺾어진 시계추 같은 관절 속으로 불꽃이 밀려든다.

2

줄 사이로 흥겨운 춤을 추던 마리오네트

탈출을 갈망하는 시간 속에서 피노키오의 춤을 추었다.
환호성을 지르던 관객에 신명 난 마리오네트
자유로울수록 옭아매는 매듭
'끊어버리자!'
날선 눈으로 관절을 휘감은 매듭을 보았다.

쉴 수 없는 공연에
더욱 바짝 죄며 흔드는 인형술사

꺾어지는 관절
기름칠도 뻣뻣해진 그를 되돌릴 수 없다.

싸늘한 가위질에 풀어진 매듭

불꽃 옷을 입어야
비로소 자유로운 마리오네트

| 이경욱 | 2013년 『시와사상』 등단

산유화

이 근 화

303동과 304동 사이 버려진 분홍 땡땡이 팬티
누구의 것일까
부끄러워 아무도 손대지 못한다
다 늙은 관리인이 치우며 슬며시 웃을까
그럴지 몰라 잊은 듯 잊지 않은 듯
호주머니에 넣고 다닐지 몰라
어느 창문에서 무슨 바람을 타고 어떤 사연을 날리며
날아온 것인지는 아무도 모르지만
꽃인 듯 한참을 바라보았던
가을 햇살을 눈부시게 갈라놓았던
그런데 어쩐지 젊음도 늙음도 그 안에는 없고
향기도 주인도 없다

종종 아이들이 불다버린 본드를 보면
마음이 공연히 깡통처럼 뒹굴고
검은 비닐봉지를 밟은 듯 발이 꺼진다
벽에 죽죽 낙서를 하며 인생의 몇 페이지를 넘겼을지도 몰라
오늘 한 권의 책이 바닥으로 무의미하게 떨어졌다
고개 숙인 사람들의 시선이 제 발 끝에 이를 때에도
죽음은 끝까지 눈물을 모르겠지

그런데 버려진 팬티라니
내 마음 속에 꽃이 피었네
불가능한 꽃
불가해한 꽃

저만치 버려진 팬티는 내 것이 아니다
나를 모른다
그런데 내게 주어진 단 하나의 꽃잎은
누구에게 던질까
누가 될 거니
오늘 나의 산책과 명상에는 무늬가 없다
내일 우리의 논쟁과 수다는
테이블 위의 접시를 몇 번이나 갈아 치울지
주인을 잃은 이름들이 하나둘씩 떠오르는데
비가 와도 젖지 않는
더 이상 떨어질 곳이 없는
꽃잎의 어지럽고 어려운 방향을 따라가 본다

| 이근화 | 2004년 『현대문학』 등단
시집 『칸트의 동물원』

글라디올러스, 그녀

이 령

그녀와 내통하던 프리젤리 칵테일 바, 그 집 이름이 내려지는 통에 내 속엔 잔바람이 일고 있어요 지붕 끝에는 아라베스크 둥근 달이 고갤 내밀어 그녀의 만삭 배가 출렁이고 있구요 그녀는 커피포트를 잘도 타일러 골목 구석구석 삼부카 아니스 향길 피워 올렸죠 그때마다 나는 은비늘 햇살과 뉴에이지풍의 음표를 쏟아내는 아라베스크 둥근 지붕에 올라갔어요 그녀가 하루치의 햇살을 걷어내면 알레포티포트 뚜껑 옆에 붙어 벌름벌름 코를 세웠죠

오늘도 그녀는 궁전 지붕에 올라 내려 피는 글라디올러스 꽃잎 하나씩 따고 있겠죠 언젠가 나는 밤새 밤보다 깊은 새벽길을 걸으며 그 향기에 가슴을 베었구요 그녀가 열어논 아치 창문 너머 나는 기린처럼 목을 빼고 아라비아 푸른 별을 바라봤어요

나는 그녀 손에 들린 화이바 커피잔, 비워도비워도 채워지는 만삭의 잔, 나는 살면서 내려지는 이름들을 그녀에게 전하려다 점점 동글동글 모가 닳아요

|이 령| 2013년『시를 사랑하는 사람들』등단

겨울의 握手

이 만 섭

어떤 악수는 장갑을 선물 받는다
어떤 악수는 가죽을 선물 받는다

그 마음을 거두어 주듯
기다리던 눈이 창밖을 함박눈으로 덮을 때
겨울은 이보다 더 좋을 수 없어

한 꾸러미씩 기쁨 지어
장갑은 보육원으로 보내지고
가죽은 노숙인들 구제품으로 보낸다

장갑이라고 말하지 않아도
가죽이라고 말하지 않아도
주머니에 손 거두는 일 포기했다더니
손과 손이 겹친 자리에서
부드럽고 따뜻한 맹세의 꽃 피웠다

돌이켜보면 매양 부끄러운 것은
움켜쥔 손아귀 펴지 못해
바지의 재봉선에 붙여두는 습관들이었다

악수가 끝난 손은 홀가분하여

내게도 기쁨을 안긴 일이어서

가슴 열어젖힌 손길만으로도
정원사가 전지한 나뭇가지에서 새순 나오듯
기특한 선물이 태어나는 것이었다

|이만섭| 2010년 『경향신문』 신춘문예 등단

서쪽 물가의 사람

이 혜 미

꼬리에 붉은 물을 들이며 갔네 밤에만 이름을 얻는 것들이 있어 드문드문 맺힌 암적마다 일몰이 돌아와 길게 몸을 누이네 그런 숨의 정박지, 공들여 빚은 흉한 것들이 줄지어 흘러내리는 강가

모래알을 모아 베개를 짓고 물풀의 줄기를 엮어 얇은 피륙을 짜 덮으면 시맥翅脈이 선연한 곤충의 꿈을 꾸었다 안으로만 자라나는 가지들, 간절하여 끝내 사라지는 서녘의 발자국들

체액이 뿌려진 곳마다 구덩이를 파고 흐린 손가락을 묻는다면 그건 저 너머의 일인가 헤매이던 포자들을 양 손에 움켜쥐고 수 겹의 옷자락을 이끌며 갔네 왜 돌아가는가, 동그랗고 충분히 따듯한 것들이 있었는데

수자水子는 제 살을 모르네 잠시 지었다가 풀어버린 직물처럼, 흔적으로 이루어진 사람이 있었지 출렁이는 몸 안팎의 숨을 버리며 새어나오는 묽은 살결들 저, 물이라는 깊은 상처

|이혜미| 2006년 중앙신인문학상 등단
시집 『보라의 바깥』

백색 – 모서리를 읽다

임　봄

둥근 앉은뱅이 밥상이 사라진 후부터 방안엔 점점 모서리가 생겨났다 네모난 식탁 모서리들을 쓰다듬는 달빛만 갈수록 둥글어졌다 밤이 깊어지면 누군가가 딱딱 이를 부딪치며 울었다 울음은 어둠의 모서리에 부딪쳐 되돌아올 때 더 또렷이 존재를 드러냈다 불온한 혀끝에서 망을 보던 단어들이 조용히 밥 알갱이 속으로 스며들었다 결별을 선언하지도 못했는데 모든 것이 일시에 사라졌다 처마 밑에서 노란 주둥이를 벌리던 제비가 사라지고 마당을 기어가던 지렁이가 사라지고 무릎걸음으로 문턱을 넘어오던 말들이 사라졌다 슬픔은 어떻게 일상이 되는가 환한 대낮이 어둠을 낳고도 아무렇지 않게 웃는다 이방인의 눈물이 가득한 방에서 우리는 각자 몸을 웅크리고 모서리에 등을 댄 채 잠이 든다

| 임　봄 | 2009년 『애지』 등단
2013년 『시와사상』 평론 등단

지구의를 돌리고 있으면

임 승 유

거구의 사내가 계단을 내려온다

뒤에서 안으면 두 팔로 다 감아지지 않아서 거구의 사내는 지구 같은 거라고 등에 얼굴을 묻으며 너는 내가 작정하지 않으면 들어갈 수 없는 숲을 키우는구나

거구의 사내에게 너라고 말해버리면

뭐라고 중얼거리는 당신 날아오르려다 말고 내려와 발목을 질질 끌면서 뭐라고 중얼거리는 당신

나는 기필코
너를 사랑하고야 말 것이다

사내가 웃자란 숲을 끌고 내려오는 소리는 아름답고 깊이를 알 수 없는 절망감으로 손톱은 물이 들고 나는 서른여섯 번째 계단부터 그가 쇠퇴기에 접어들었다고 본다

그가 계단을 내려올 때
계단은 얼마나 효과적으로 사라지는지

멸망의 깊이가 너무나도 깊어서 나는 숫자를 세다가 멈추고

지구의를 돌리고 있으면

거구의 사내가 내 등뼈를 밟으며 거의 폐허에 서 있으려고 한다

|임승유| 2011년 『문학과사회』 등단

유령

장 만 호

그는 처음으로 나를 읽어준 눈동자였지
노원역 술집에서 시와 돈을 이야기했네
눈 내리는 수유리의 밤의 높이에 대해서,
그러나 시간강사와 전임강사를 구분할 줄 아는 초등학생 아이들의 명민함에 대해서, 언제 떨어질지 모르는 처마의 고드름 같은 이자에 대해서

어느 날 그를 찾는 전화들이 나에게 오네
(전화번호를 바꾸고 메일주소를 바꾸면 그 뿐)
십 년을 넘게 만나고도
그의 집을 모르네
아내를 모르고
아이들을 모르고, 통장의 잔고를 모르고

100억년 전의 가장 오래된 은하를 알고
지구와 태양의 거리를 아는데
그의 집과의 거리를
그가 만들었던 세상과의 간격을 모르네
모른다는 사실을 모르네

그러니, 지금 지는 나뭇잎은 봄에 본 그 나뭇잎인가,

지금 보는 저 거리는 어제의 거리인가,
당신은 어제의 당신인가,
나뭇가지를 차고 나는 작은 새는,
정종을 마실 때 우리의 머리 위에서 흐르던 눈송이들은 지금 어디를 흐르는가
그러니 우리는 유령이 아닌가.

생활의 유령
시의 유령
세상 모든 타자의 유령

| 장만호 | 2001년 『세계일보』 신춘문예 등단
시집 『무서운 속도』

얼음

전 명 숙

네 손이 잡았던
내 손목이 썩어 가고 있다
네 입술이 닿았던 내 입술이 썩어 가고 있다
내 혀가
내 눈동자가 썩어 가고 있다

썩기에 알맞은 온도

우리들이 서로의 눈동자 속에서 따뜻하게 해동될 때
얼어붙었던 눈자위로 배어나던 축축한 물기
두려움도 없이 우리들이
더없이 더없이 따스하게 섞여들어
마침내 빠져나온 냉동실 앞에서
흐물흐물 굳어질 때

내 팔이 감았던 네 몸통이 사라지고 있다

|전명숙| 1999년 『시와사상』 등단
시집 『염소좌 아래 잠들다』 『전갈』

상사화가 너무해!

정 선 희

붉은 립스틱을 바르고 절집을 찾아온 여자
잠자리 날개옷을 입고 스님 앞에 선 여자

절집에 상사화는 아찔해,
하의가 실종된 저 다리
자꾸 눈길이 가는 저 다리

어떤 간절함이 상사화를 심었나?
어떤 성급함이 잎부터 피웠나

상사화 뿌리가 탱화 염료로 쓰인다는 건
핑계에 지나지 않아
잎과 꽃이 만날 수 없어 혼자 사는 이들의
마음을 위로해준다는 말도 그럴듯한 변명,

상사화를 훔쳐보고 있는 스님을 보면 알 수 있지
스님! 하고 부르자 들통이 난 듯
화들짝 당황하는 저 눈빛 좀 봐,

절집에 상사화가 너무해!
불 꺼진 속옷 가게를 들여다보듯
혼자 몰래 보고 싶은 마음
알겠니?

| 정선희 | 2012년 『문학과의식』 등단
2013년 『강원일보』 신춘문예 등단

키스

– 구스타프 클림트

정 승 화

벚꽃에 가만히 스며들면 나비 발목이 만져진다
그 종아리를 지날 때 입술자국이 흐릿하게
어지럼증을 일으킨다 어지럼증을 느끼다가
잠든 날, 종일 발바닥에 묻은 꽃가루에
눈을 다치고 발이 푹푹 빠졌다

푹푹 빠진 발을 묶어 두고 깊게 간섭한다
벚꽃과 나비 발목이 오래 한 몸으로 잠드는 걸
지켜보며 태몽을 꾼다 말랑한 눈동자끼리
뒹굴자 풀섶 강물은 4분의 3박자로 흐르고
나비 발목은 밤낮으로 끊임없이 튼튼해졌다

로빈새 눈동자를 닮지 않은 분홍돌고래,
태몽은 아직 탯줄을 자르지 못하고 떠나온 땅,
그래서 아직 고래에 속한다 숱한 꽃의 배꼽을
통과한 나비의 말랑한 발자취, 훔쳤던 노래를
다시 태내에 돌려준다 노래를 부르다 발등을 밟고
일어선다 걷다가 뛰다가 조금씩 숨이 차 오르다
날았다 구겨진 꼬리를 다림질하는 잠의 바닥

저녁이 순식간에 덮치자 가만 가라앉은 별빛
이 강가를 떠돌았다 빛이 닿는 곳마다

잠 부스러기가 떨어지다 제 몸의 무게로
몰려다니며 체형을 바꾼다 체형을 바꾸는 일은
눈 안의 수분을 덜어낸다 분홍고래 지문, 그
지문에서 흘러나온 땅을 밟으며 마른 눈이
팽팽해진다 팽팽한 눈을 문지르자 피득 피득 입이
지워진다 시선을 빼앗긴 동공이라던가 동공을 핥고
있는 구스타프 클림트의 키스를 읽는 봄밤,

|정승화| 2006년 『문학21』 등단
시집 『무릎시계』

고양이 사진사

정 진 영

고양이가 무게도 없이
새를 향해 펄쩍, 뛰어오른다

애욕愛慾과 완벽히 일치했을 때
열리는 눈동자

초점을 한껏 당긴 순간

찰나에 허락된
시간의 틈새, 섬세하게 캡쳐하는 기쁨이란

새들 날아오르며 길을 한번 들었다 내려놓는 것
놀란 하늘이 슬쩍 열렸다 닫히는 것
허공 속으로 쏟아지던 햇빛 알갱이들
유리구슬처럼 튕겨지며 도로변 갈라진 틈으로
스며드는 것

아, 저 햇빛 씨앗들
어둠 속에서도 다음 생은 연두라고
쉴 새 없이 땅속 말 밀어 올리는,

환幻의 파노라마를 찍는

무지개 고양이 눈

시시각각, 환하다

| 정진영 | 2004년 『문학사상』 등단
시집 『중환자실의 까뮈』

리폼

조 용 숙

바지에 구멍이 뚫렸다 다리 부분을 쑥덕쑥덕 잘라낸다

가윗날에 끊어진 다리 사이로 작은 강 하나가 드러난다 어려서부터 나를 질질 끓고 다닌 기억들이 한꺼번에 강물 속으로 휩쓸린다 다리 위 서 있던 사람들이 모두 강물 속으로 굴러 떨어진다 어제와 오늘이 뒤 섞인다 젊은 외할머니와 늙은 엄마가, 사돈 눈치만 보던 외할머니와 며느리한테 똥 기저귀 수발시켜 놓고도 당당하던 할머니가, 재산 다 날려 먹고 큰소리 뻥뻥 치던 아버지와 죽어라 농사만 지은 엄마가, 귀하디귀한 아들과 아무짝에도 쓸모없는 딸이, 홧김에 죽은 친구와 죽어라 살고 있는 내가, 모두 한통속이 되어 출렁인다 물에 젖은 기억들이 퉁퉁하게 부풀어 오른다 물고기들이 기다렸다는 듯 잘 불은 기억들을 맛있게 뜯어 먹는다

가윗날 지나간 자리
내가 양수를 막 빠져나온 아기처럼 수면 위로 둥둥 떠 오른다

|조용숙| 2006년『詩로여는세상』등단
시집『모서리를 접다』

소문의 숙주

채 수 옥

커피점은 안으로 조여들고 있었어 계단 아래 지하에는
테이블마다 붉은 나사못들이 속성으로 자랐지
어 · 쩜 · 그 · 럴 · 수 · 있 · 니 · 교정기에 끼워 넣어도
서로의 말투는 비틀리고 손가락을 꺾으며 파란 혀들이
돋아났어

내 입속에서 진실 게임을 하는 너는 나였던 적이 있었던가
채널이 바뀔 때마다
어둠은 책장처럼 너의 혓바닥을 넘겼어
뒤통수가 의심스러울 때
발목 위로 더러워진 말들이 차올랐지

이제는 얼굴을 닫을 시간

낡은 셔츠를 벗듯 지하를 벗어던지고
수취인 불명인 말들을 네온 속으로 놓아주었지
다른 시간을 향해 물고기처럼 헤엄쳐갔어
새로운 껍데기를 입고 거북이가 될 거야

딱딱한 손등을 쓰다듬으며
우리는 녹슬기 시작했어

| 채수옥 | 2002년 『실천문학』 등단
시집 『비대칭의 오후』

독

최 윤 회

속이 쓰려 복국을 먹는다
누가 독을 탔는지 속이 시원하다
독에는 가시가 있어
씹을 때 찌릿찌릿한 전기가 통한다
독은 살아있다는 증거
눈물이 흐를 때 비로소 독이 생긴다
새파란 고사리 줄기도 그렇고
감자 어린 싹도 독기를 품고 자란다
치명적인 독은 달다
소싯적 네 가슴에 쏜 것도 독화살이고
사랑한다는 말에도 달콤한 독이 들었다
독은 독할수록 맛있다
서로 목을 걸기 때문이다

| 최윤회 | 2009년 『미네르바』 등단

선상의 아리아

하 연 우

바다는 허름한 포장마차에 들러
국수 몇 그릇 후루룩 해치우고 왔나보다
내가 깨어났을 때
웃통을 홀라당 벗어던지고
한 마리 고래가 되어 있는 것이다
가끔 구름 뒤에 숨은 햇발을 위하여
살랑살랑 그네도 태워주면서
그러다가 바다는
쓸쓸해지는 연애를 해보고 싶었는지
온몸이 나비를 닮아 팔랑대는
슬프고 외롭던 나를
기어이 선상으로 불러내고서는
첫사랑을 만난듯이 귓볼이 빨개지기도 하고
삶에 그을린 등판을 내밀어
수줍게 업어주기도 하는 것이다
나도 그만,
꽃대궁을 쏘~옥 밀어올리고는 괜스레 뜨거워져서
언젠가는 하얀 쌀밥을 짓고 싶은 것이다
그리하여 저녁 밥상을 물리고
슬금슬금 너의 푸른 가슴으로 파고들어가
귓속이 짓무르도록 파도소리 듣고 싶은 것이다.

| 하연우 | 『현대시문학』 등단
『한맥문학』 등단

젊은시인들 추천시

_안효희

김행숙 / 1월 1일

조말선 / 이 나무 아래

박성준 / 왜 그것만을 요구하지 못했을까

이영란 / 정오의 기차

_이창하

유병록 / 지붕 위의 구두

김하늘 / 붉은 그림자들

서안나 / 동백아가씨

1월 1일

김 행 숙

공중으로 날아가는 풍선을 보면 신비롭습니다. 손바닥만한 고무풍선에 공기를 모으면 점점 부푸는 것. 점점 얇아지는 것…… 꼭 잡고 있던 아이의 손을 놓치면 영영 잃어버리는 것……

추운 겨울밤 손바닥을 오므려서 그렇게 할 수 있다면……

길거리의 가난한 사람들이 지붕 위로 둥둥 떠오를 거예요. 이들은 언젠가부터 마음에 공기가 가득해진 사람들이었어요. 지붕 위에서 수레를 잃은 노점상과 지갑을 잃은 취객이 대화를 나누는 중이에요. 두 사람은 허공에서 잠시 얼어붙은 허깨비 같습니다. "어디로 가야 할지 도무지 발길이 떨어지지 않았습니다." "나는 집으로 가는 길을 모르겠습니다."

"형씨, 혹시 담배 가진 거 있습니까?" 추운 겨울밤 손바닥을 비벼서 불을 피울 수 있다면……

우리는 저마다 기다란 불꽃같을 거예요. 우리가 감추는 꼬리처럼 공중으로 날아가는 재를 보면 오늘이 1월 1일 같습니다. 작년 이맘때도 꼭 이랬어요. 그날도 나는 길에서 처음 보는 사람에게 구걸을 했어요. 아침에 본 거울처럼 그가 나를 슬프게 건너다보고 있었어요.

날개가 있든 없든 공중으로 비상하는 것은 신비롭다. 비상이라는 말은 모두 꿈을 가지고 있기 때문이다. 시인 이상의 날개가 아니더라도 풍선 속에 든 공기처럼 아이의 꿈도 훨훨 날아간다.

1월 1일이면 사람들은 비둘기처럼 고향집으로 모여든다. 아무리 멀리 있어도 멈추지 않는 이동. 부모와 형제, 친구를 얼싸 안으며 서로의 지친 마음을 위로한다. 지붕 위라면 더 좋고 언덕 위라면 더 좋다. 계산하지 않는 속력으로 연도 웃으며 날아가고 풍선도 연등처럼 훨훨 날아간다.

그러나 여기 또 다른 1월 1일이 있다. "형씨, 혹시 담배 가진 거 있습니까?" 노숙자들이 가장 힘들고 슬픈 날이다. 한 개비 담배는 물론 기도하는 촛불 같은 한 송이 불을 빌린다. 검붉은 눈가에서 순간 반짝이는 것. 아이들은 잘 있는지… 노모는 무탈하신지…

1월 1일의 양면성을 잘 나타내는 곳이 있다. 선물꾸러미를 든 들뜬 얼굴들로 붐비는 지하도. 그러나 온 몸과 마음이 침식당한 채, 구석 바닥에 몸을 접고 앉은 사람들. 백팔 배를 하듯 깊이 엎드려 생을 연명하고 있다. 가본 적 없는 이국 같은 지상의 나라를 그리며.

불빛이 환한 창문이 있는 방, 밥상에 둘러앉은 아이들이 웃으며 이야기를 나눈다. 곳곳에 부재하는, 채울 수 없는 그들의 빈자리는 누가 무엇으로 채워 줄 것인가!

■ 안효희

이 나무 아래

조 말 선

이 나무 아래는 이 말 아래 있다
위로 솟아오르는 느낌 때문에
하염없이 나무를 맞고 있는
이 나무 아래는 표지판처럼 명확한 말 아래에 있다
휴식, 음악, 센스티브한 감정과 땀이 배어 있는 정오의 식사…
마구 떠오르는 이 나무 아래는
이 나무에 속하지 않는 공간 때문에 아름다워지려 한다
나무에 기댈 수 있는 기대를 가지고
나무는 편안한 말이 번져나가듯 나뭇잎을 흔든다
왠지 열려 있는 공간처럼 이 나무 아래는
이 말 아래에서 영향을 발휘한다
이 말의 영향 때문에 기분이 나아진 사람처럼
나무는 말할 때마다 모든 나뭇잎을 활용한다
웅얼거릴 때도 이 나무 아래는 이 말 아래 있다
왠지 닫혀 있는 공간처럼 이 나무 아래는
이 말이 한없이 팽창하고 있다
어쩔 수 없이 나무를 빙빙 돌면서
말 속으로 들어가려는 언어학자처럼
말을 나타내고 나타내며

말의 모형을 뜨는 마술사처럼
이 나무 아래는 이 말을 올려다보는 순간이 온다
아, 아, 아 이 말이 나무를 경탄하는 그때
나무는 나무를 버릴 듯이
같은 생각으로 어긋나는 가지들을 눈부신 붕대로 감싸고 있다
아름다워, 아름다워 달래가면서
모든 나뭇잎을 사용하는 이 나무 아래는
이 말을 흔들고 있다 붕대가 풀릴 듯이

페루 2,300미터의 산꼭대기에 환상적인 잉카도시 마추픽추가 있다. '태양의 처녀'라 불리는 100 구의 여사제들이 미이라로 발견된 곳이기도 하다.

무한한 상상, 비밀의 열매가 열리는 "나무 아래"에 가서 앉는다. 이 나무 아래의 바람 한 점 없는 그늘에 들면 갖가지 "센스티브한 감정"과 "정오의 식사"가 떠오르기도 한다. 말할 때마다 모든 나뭇잎을 활용하는, 이 나무 아래의 공간은 요새처럼 열려있기도 하고 닫혀 있기도 하다. 그리고 그곳에는 "이 말"이 한없이 "팽창"되어 흔들리고 있다.

"이 말의 영향 때문에" 사람들은 기분이 나아지기도 한다. 마침내 이 말이 횡금 머리띠를 두른 "나무를 경탄하는 그때"가 오면 이 나무 아래는 다시 이 말을 붕대가 풀릴 듯이 흔들고 있다.

이 나무와, 이 나무 아래와, 이 말 아래…

그 네모난 빈 칸에 우리는 그 어떤 단어도 추정하거나 유추하여 넣을 수 없다. 그것은 당신 그 자체이며, 당신의 나무이며 당신의 말이기 때문이다.

당신이 새벽 산책에서 보았거나, 어젯밤 꿈결에서 보았거나, 스쳐지나간 바람 속에서 본 나무이거나… 가슴저 밑바닥 골방에서 중얼거리던 말이거나, 대나무 숲에 대고 울먹이며 소리친 말이거나, 아무도 몰래 혼자 중얼거린 독백이거나…

누구도 들일 수 없는 당신의 심연, 당신의 비밀이 있는, 그 나무 아래, 그 말 아래.

■ 안효희

왜 그것만을 요구하지 못했을까

박 성 준

말이 필요한 날이면, 울어줄 사람이 없었다 이불을 깊숙이 뒤집어 쓰면 더 좋은 꿈을 꿀 수 있을까봐 꿈을 꿀 수 있을 때까지 살을 만졌고 간혹 썩 좋지 않은, 나의 과거도 인간의 것이라 믿고 싶었다

용서라는 단어를 배우기 전까지 나는 얼마나 아름다웠을까
중력이 위험한 나날들

주사위가 추락하는 순간
우리는 서로의 유령을 나눠가진 공동체
철 조각 씹는 맛이 났다

불쾌는 법이자 구속이라고 했다 날씨가 필요했다 의문을 내려놓기 전까지만 걷잡을 수 없이 또 그 육체는 솔직해져 갔다
그해 여름 이웃에게 평판 좋고 친절했던 아들은 어머니의 목을 졸랐고, 옆집에 사는 중국 여자는 강간을 당했다 완강하게 저항했던 그 소리들을 오해하면서, 나는 수차례 자위를 하다가 잠이 든 적도 있다

몸에서 가장 감동적인 부분을 멈추고 만 것처럼
인파 속에 종종 어깨를 묻으면, 묻고 싶은 질문들도 때마침 사라져 갔다 모두 내가 사랑하기 시작하면 그렇게 나를 떠났다

이별에는 질량보다 질문이 필요했을까

때때로 뜻하지 않은 슬픔 때문에 뜻을 갖게 될 때
울음을 그칠 때까지는 조심해야 할 몹쓸 선악을 믿고 싶을 때
가만히 주머니에 손을 감추고 싶다

이제야 그리운 사람들이 모두 죽었다는 것을 알았다
이유 없이도

박성준 시인의 시 「왜 그것만을 요구하지 못했을까」를 읽는다. 제목에서부터 이미 많은 말을 시작한다. 수많은 망설임과 몇 밤을 전전반측하며 질문한다. "말이 필요 없는 날", 누군가를 용서해야만 하는 "중력이 위험한 날" 그런 일상의 연속 가운데에서 삶은 견디어야 하는 것이다. 끝없는 질문과 이별의 고독이 한 발 한 발 다가온다.

살아가면서 당당하게 요구할 수 있는 것은 무엇이며, 또한 도저히 요구할 수 없는 것은 무엇인가. 용서라는 말과 중력이라는 말과 주사위라는 말과 추락이라는 말과 유령이라는 말과 철 조각 씹는 맛이라는 말과 불쾌와 목 졸림과 강간과 자위와 이별과 질량과 질문과 슬픔과 울음과 선악… 이 모든 것들이 온 몸 속에서 출렁이고 일렁일 때, 시인은 "가만히 주머니에 손을 감추고 싶"다. 그러면서 깨닫는다. 그리운 사람들이 아무런 이유도 없이 "모두 죽었다는 것"을, 그리고 나에게도 다가올 그날까지 힘들지만 견디어야 한다는 것을.

■ 안효희

정오의 기차

이 영 란

그는 유쾌한 농담을 한다 목젖이 커다랗게 보이도록 웃는다 흰 치아를 환하게 드러내고도 웃는다 후덥지근한 공기 속에 쓱 가르마를 가르며 정오에 기차가 왔다 나는 다리 아래서 기차를 무심코 바라보았다 다시 레일을 타고 온 이들은 한번쯤 가슴을 쓸어내린다 기차는 정녕 모르는 척한다 한 여자가 창가의 햇빛에 바랜 종이 장미를 멀리 던진다 그는 호주머니 속에서 필터가 구겨진 담배를 꺼내 문다 또다시 그가 큰 소리로 농담을 한다 어깨를 들썩이며 먼저 웃는다 기차가 다음 역을 향해 떠나간다 유쾌한 농담을 하며 기침을 하며 간혹 흘러간 유행가 가락을 흥얼대며 달린다 어쩌다 열병처럼 심하게 몸살도 한다 간혹 독한 담배 연기도 흘린다 언제나 레일 위에서 기차! 그가 기차이기 그 이전에는 수레였다. 비록 덜컹거리는 비포장도로를 달리기는 했지만 자유로웠다. 들판이나 나무가 손을 내밀 때면 멈추어 인사를 나누기도 했다.

이제 멈추지 않는 기차는 빛보다 빠르게 달리기 시작한다. “농담”은 물론 “치아를 환하게 드러내고” 웃는다. “필터가 구겨진 담배”를 꺼내 물었다. 창밖의 풍경이 유행가 가락을 흥얼대며 쉬지 않고 달릴 때, 순간마다 너의 시간과 나의 시간이 다르게 펄럭인다. 나무처럼 바람처럼 유기적인 모든 것들이 열병을 앓는다. 평행의 레일 위를 쉬지 않고 달리는 기적奇蹟 같은 기적汽笛 속에서 오직 하나 흐르지 않는 것은 시간이다. 방금 정오를 지난 기차 안에서의 시간은 달팽이처럼 느리다.

■ 안효희

지붕 위의 구두

유 병 록

그러니까 어떤 힘이 염소를 끌고 저 높은 곳으로 올라간 것이다 난간에 묶어두고 사다리를 치운 것이다

벼랑에 서서 무슨 생각을 했을까 지금은 다 망가진 뿔로 구름을 들이받으려 했을까 곡선의 시간을 지나오느라 한쪽으로 기운 발굽을 쓰다듬었을까

오후의 햇살 속에서 조그맣게 울먹이기도 했을까

아무리 둘러보아도 한 뼘의 초원이 보이지 않을 때, 자신의 뒷발로 사다리를 밀쳐낸 기억이 떠올라 흰 털들이 곤두설 때

이 세계를 들이받기로 결심했던 것일까

빛나는 털을 가진 세계도 어두워질 때, 두고 온 이름들이 눈동자 속으로 절뚝절뚝 걸어들어올 때

노을빛이 스러질 때
반짝, 발굽이 빛났을 것이다

곧 빠져나갈 체온의 질감을 간직해두려고 염소는 빛을 구부려 매듭을 만들었던 것이다 캄캄한 길을 나서기 전에 구두끈을 고쳐 매듯이 뱅쌍 들르크루아의 가설에 따르면 다양한 흰 구두의 가설을 발견할 수 있다. 하지만 구두와 관련된 설화나 전설를 한 둘로 끝낼 수가 있겠는가. 한 켤레가 아닌 유독 한 짝만이 지붕 위에 올려져 있다는 점에서 쓸쓸함이 투영된다. 시인은 이것을 무심히 보지 않았던 것 같다.

흰 구두, 운명의 여인을 만난 한 남자가 동화 속의 주인공처럼 그녀가 벗어 놓은 구두 한 짝을 들고서 여러 여자들에게 신겨보지만 결국은 친구의 약혼자가 되어버린 그녀를 보고 던져버린 구두라고 하자.

어떤 한량이 있었다. 가정은 돌보지 않고 밤낮으로 밖으로 나돌아 다니며 늘 아내의 속을 썩였다. 견디다 못한 아내가 남편이 애지중지 여기던 한 짝을 몰래 지붕위로 던져 올린 흰 구두라고 하자.

한편 영문도 모르던 구두는 늘 바쁘게 돌아다니다가 언젠가부터 종일 한 곳에 머물면서 영어의 몸이 되어버린다. 염소라고 해 두자 신발을, 아니면 전생이었다고 하자 신발을, 혼자라는 것에 대한 고독으로 눈물을 흘리기도 했을 것이고 티베트의 어느 골짜기에서 무리로부터 이탈하여 홀로 남겨진 두려움으로 발버둥 치다 다 망가진 뿔로 구름까지 들이받으려고 했을지도 모르겠다.

홀로 남겨지게 된 이유(어떤 힘)를 생각하기보다는 우선 주인에게로 돌아가야 한다는 생각을 했을 것이고. 머지않아 찾아 올 어둠과 이슬도 그렇지만 곧 빠져나갈 체온의 질감을 간직해 두기 위해 염소는 어떤 일인가를 해야 할 텐데 뭘 해야 할지 모르겠다. 그런데 방법이 없다.

어쩌면 좋을까.

시인이 발견한 흰 구두 그것도 한쪽으로 기운 발굽인 걸 보면 팔자걸음의 한량인 사내의 것임에 틀림이 없을 것이고…,

정말 흰 구두의 전생은 염소였을까, 염소의 전생이 구두였을까, 저기 고개를 갸웃거리는 유병록 시인이 서있다.

■ 이창하

붉은 그림자들

김 하 늘

더 친해지지 않으면 내가 누군지도 몰라. 입안에서 제 이름을 지우는 느린 자살의 언어, 살아있는 일보다 사라지는 일이 더 쉬워서 손등으로 웃고 낯선 여자와 몸을 섞으며 내 자궁 속으로 지는 노을을 봤어, 그림자가 오래오래 썩은 잇몸처럼 부식해 갈 때, 무덤 속에서 평온해진 나를 봐

누군가는 내 머리채를 휘잡아야했어, 일부러 슬펐고 일부러 공허하고 일부러 웃을 거야, 내 안을 견디고 간 여자들은 미쳐버렸고, 내 곁을 훔쳐보던 남자들은 식물처럼 죽어버렸지 이번 생은 더 이상 성장하지 않는다는 걸 알았을 때, 이상하지만 움직이지 않는 맥박만을 믿고 있었어

손목 끝으로 길어지는 흉, 계약되지 못해 죽어 간 저녁의 아기들, 늙은 파충류처럼 늘어지는 육체, 무의미로 자욱해지는 무릎들, 그리고 한 벌의 생을 불경하게 소일하는 내 안의 붉은 여자들

얼음 같은 날들에 갇혀 수면제를 먹었지, 자상하게 안아주던 이도 있었지만 안간힘을 다해 나눈 섹스는 물의 공포가 되어 흘러내렸어, 한달치 수면제

와 헤네시 한 병이라면 어디로든 갈 수 있겠지, 욕조 안에 두고 온 춥고 지루한 검은 멍들을 이제 청색 테이프로 바르고 있어

늙은 거리의 악사가 있었네, 그의 꿈은 포도주 한잔을 마시며 멋진 여자의 몸속으로 들어가

생애의 마지막 불꽃을 피우는 것이었네, 식물처럼 죽어도 좋으리. 얼마 남지 않은 생이지만 아직 용광로의 불씨는 꺼뜨리지 않았네, 장렬한 저녁놀은 자신의 화려한 절정이 점차 어둠 속으로 사라진다는 것을 잘 알고 있었기에 생애 마지막 불꽃을 찬란하게 피우고 싶었네.

젊은 거리의 여자가 있었네, 그녀는 뜨거운 몸을 가졌고 세상의 모든 남자들을 녹일 수 있었네. 하지만 한 번도 사랑하는 사람의 몸을 받아들인 적이 없었네. 자상하게 안아주던 이도 있었지만 아무도 인정해 주지 않았던 계약이었네. 얼마나 가슴 아프고 슬픈 일인가, 진심으로 뜨거운 사랑을 한 번도 하지 못했으니…,

차라리 술에 취해 잠에 빠지거나 그도 저도 안 되면 힘센 세상의 사내를 불러다가 섹스를 즐기면서 세상을 녹일 듯한 내 몸을 식혀갈 뿐이지. 내일 지구의 종말이 오더라도 나는 지금 한 병의 술이나 수면제를 필요로 하고 때때로 뜨거움으로 세상의 사내들을 늙은 파충류처럼 육체가 늘어지게 해 주고자 하네.

아아, 붉은 저녁놀을 여자의 뜨거운 몸으로 본 시인의 메타포는 정말 절묘했네. 짧지만 얼마나 역동적인 붉은 놀인가. 저기 붉은 여자 김하늘이 걸어가고 있네.

■ 이창하

동백아가씨

서 안 나

야야 장사이기 노래 쪼까 틀어 봐라이
그이가 목청하나는 타고난 넘이지라
동백 아가씨 틀어불면
농협 빚도 니 애비 오입질도 암 것도 아니여
뻘건 동백꽃 후두둑 떨어지듯
참지름 맹키로 용서가 되불지이
백 여시 같은 그 가시내도
행님 행님 하믄서 앵겨붙으면
가끔은 이뻐보여야
남정네 맘 한쪽은 내뻴 줄 알게 되면
세상 읽을 줄 알게 되는 거시구만
평생 농사지어 봐야
남는 건 주름허고 빚이제
비 오면 장땡이고
햇빛 나믄 감사해부러
곡식 알맹이서 땀 냄새가 나불지
우리사 땅 파먹고 사는 무지랭이들잉께
땅은 절대 사람 버리고 떠나질 않제
암만 서방보다 낫제
장사이기 그놈 쪼까 틀어보소
사는 거시 벨 것이간디
저기 떨어지는 동백 좀 보소

내 가심이 다 붉어져야
시방 애비도 몰라보는 낮술 한잔 하고 있소
서방도 부처도 다 잊어불라요
야야 장사이기 크게 틀어봐라이
장사이기가 오늘은 내 서방이여

남해 보리암의 주지스님이 깊은 밤 동백꽃이 지는 소리에 잠에서 깨어나 하루아침에 (아름다움이)사라진 동백꽃 때문에 깊은 번민으로 하루를 보내었다고 하네, 하지만 스스로를 가수가 아닌 소리꾼으로 불러주기를 원했던 사나이의 노래 속에 등장하는 동백 아가씨는 기다림의 꽃이고 서러움의 꽃이어서 더욱 한恨이 서렸네.

한 이불을 덮고 천년만년 사랑을 나눌 줄 알았건만, 조강지처 무지랭이 시골 아낙을 버리고 젊은 여자를 찾아간 서방에게는 백여시 같은 가시내가 있었지만, 그녀 역시 화무십일홍花無十日紅의 원칙에는 예외일 수가 없었다. 어쩔 수 없이 '행님 행님' 하는 년을 미워할 수도 없이 예쁘게 볼 수밖에 없었던 동병상련의 아픔을 나누지. 보리암 스님조차 견딜 수 없었던 번민의 나날들을 무지랭이 아낙이 이겨낸 것이 놀랍지 않은가. 하지만 곰곰이 살펴보면 그 아낙 그 번민을 이기지 못한 듯하네.

서방인지 남방인지를 기다리다 지쳐 아예 번민을 잊고 정직하게 농사를 지으며 마음 편하게 살아간다고는 하지만 그게 어디 말처럼 쉽겠는가. 몸부림쳐도 안 되고 원망해 봐도 안 되니 억지고 번민을 이기고자 장사익의 노래를 들으며 동백꽃 떨어지듯 붉게 타는 애간장을 잊으려 하지만 그게 그렇게 쉽게 잊혀져, 그러니 술에 취해 그것으로 번민을 이기려 하지만 일생을 수도승으로 살아온 스님조차 이기지 못했던 번민을 시골 아낙이 쉽게 이길 수 있겠어.

전통적인 한을 몸으로 쓴 서안나의 시가 서편제의 애절한 민요 같지 않은가. 저기 저 골짜기에 시골 아낙 모습을 한 시인이 보인다.

■ 이창하

실천시선 231 고영 시집

딸꾹질의 사이학

값 8,000원 | 128쪽

처연과 연민, 그 사이의 미학

고영의 시에는 가슴 치며 하는 후회와 자책의 말들이 많다. 이것들은 자아 성찰적이고 자기비판에 물든 자아의 말들일 텐데, 그럴 만한 까닭이 있다. 무엇보다도 시인에게는"당신은 어제의 태양 아래서 웃고/나는 오늘의 태양 아래서 웃고 있었다"와 같이 공집합 되지 않은 채 엇갈린 인연들이 있고, 가슴에 담은 "불러야 할 간절한 이름들"이 많다. 살아온 세월의 두께보다 삶의 파고(波高)가 거칠고 높았다는 뜻이다. 아울러 그의 길이 "농담뿐인 생"과 "꿈조차 가질 수 없는 생", 더러는 "벼랑을 품고" 사는 "꽃의 지옥"으로 뻗어 있기 때문이다. 날마다 "무늬 없는 저녁"을 맞고, 상처를 감추려고 "뱀의 입속을 걸"으며, 삶에 개칠하지 않고 "조금 더 착하게 살기 위해서" 암중모색하는 서정적 주체가 펼쳐내는 시들은 슬프고 아리다.

_장석주(시인, 문학평론가)

실천문학사 Tel. 02-322-2161~5 www.silcheon.com

교실-소리질러

장인수 시집 『교실-소리 질러』는 중산고등학교 교사인 시인 자신의 경험적 실재가 애정과 열망, 그리고 동증과 회한으로 함께 뒤섞여 펼쳐진 우리 교육현장의 생생한 육성의 기록이자 선명한 도록圖錄이다.

장인수 시편에는 청정한 대초원을 적셔가는 파도의 함성과 몸짓이 아름답게 파동치고 있다. 시집 제목인 '교실-소리 질러' 에서 그 '소리' 는 이처럼 파도가 오래도록 지구의 생성과 함께 외쳐온 바로 그 함성일 것이다.

(유성호 문화평론가)

긴 하루 짧은 입맞춤

젊은시인들 11집

찍은날 | 2015년 7월 6일
펴낸날 | 2015년 7월 13일

지은이 | 김혜영
펴낸이 | 김경수
편집・디자인 | 김행선
펴낸곳 | 시와사상사
부산광역시 금정구 부곡동 325-36번지
전화 : 051-512-4142 팩스 : 051-581-4143
등록번호 | 제05-11-7호
등록일자 | 2005년 7월 18일
홈페이지 | http://www.sisasang.co.kr
전자우편 | sisasang94@naver.com

인쇄처 | 도서출판 세리윤

ISBN 978-89-94203-13-3 03810

• 이 도서의 국립중앙도서관 출판도서목록(CIP)은 서지정보유통지원시스템 홈페이지(http://seoji.nl.go.kr)와 국가자료공동목록시스템(http://www.nl.go.kr/kolisnet)에서 이용하실 수 있습니다.
(CIP제어번호 : CIP2015018278)